平台银行

著 / 刘兴赛

中信出版集团 | 北京

图书在版编目（CIP）数据

平台银行 / 刘兴赛著 . -- 北京：中信出版社，2021.5（2021.9重印）
ISBN 978-7-5217-3049-4

Ⅰ.①平… Ⅱ.①刘… Ⅲ.①银行—研究 Ⅳ.
①F830.3

中国版本图书馆CIP数据核字（2021）第067012号

平台银行

著　　者：刘兴赛
出版发行：中信出版集团股份有限公司
　　　　　（北京市朝阳区惠新东街甲4号富盛大厦2座　邮编 100029）
承 印 者：北京诚信伟业印刷有限公司

开　　本：787mm×1092mm　1/16　　印　张：12.5　　字　数：135千字
版　　次：2021年5月第1版　　　　　印　次：2021年9月第2次印刷
书　　号：ISBN 978-7-5217-3049-4
定　　价：55.00元

版权所有·侵权必究
如有印刷、装订问题，本公司负责调换。
服务热线：400-600-8099
投稿邮箱：author@citicpub.com

前言

平台社会与未来银行的实现形态

时代想改变，不会和任何人去商量

2020年，一个前所未有的年份，正如一段抖音小视频所阐释的那样：一场史无前例的疫情，"让全民变成了厨师，医生成了战士，老师成为主播，家长成了班主任，只有孩子们——依然是神兽"。

小视频用一种娱乐精神描述了疫情中的人间百态，但也在诙谐中揭示了其中不可抗拒的趋势——互联网平台在人们生活中日渐强大的力量。这种力量既包括抖音这类新潮的短视频平台，也包括视频内容中所揭示的疫情中众多家长的必修课，陪着孩子在线学习。在线教育是2020年春天中国人挥之不去的故事，同时也加速了相关领域平台商业的崛起。

鼠年春晚上，我们首次在众多广告赞助商的名字中听到了在线教育的品牌。

而不久后，因新冠肺炎疫情导致的延期开学，则开启了一场全民"网课"行动，让整个在线教育行业迅速成为民众关注的焦点。

在线教育平台的大火并非春晚或是疫情推动的一时之功，而是强大趋势在时代中显露出的冰山一角。对于中国人而言，春晚是一个特殊的存在，而春晚广告赞助商的变换，则记载了我们这个社会的商业热点的切换轨迹。

80年代春晚的主流赞助商是老三样的代表——钟表和自行车。

90年代是酒业药业营销轰炸的时代。

进入21世纪，中国家电行业崛起，各大家电厂商就春晚广告位你争我夺。

但与此同时，白酒行业仍然长盛不衰，在春晚的舞台上依旧争奇斗艳；而快消品品牌也是你方唱罢我登场——

众多的一线品牌商来来往往，有的旋踵即逝，有的却盘桓数年。而在2015年以后，互联网公司也加入了春晚广告大战。互联网平台开始取代快消品，成为春晚的大金主。春晚商业舞台的变迁，揭示了平台商业精英的崛起以及我们的社会不断演进的基于互联网的平台化趋势。

平台革命与平台社会的悄然而至

平台的本义是一种人与人交互的机制、场所。但在本书的语境中，平台是指基于互联网所形成的商业模式与交互机制。毫无疑问，我们这个时代最耀眼的一类商业明星群体就是掌控商业平台的精英。除了一些大型企业，我国的世界级企业多是互联网平台公司。马云、马化腾、雷军、刘强东——他们站在我们这个时代的舞台中央。他们在过去的20多年里，在中国掀起了一波平台化的商业浪潮。

电商领域的平台化发展，是我国平台革命中发展最早、形态最齐备的领域。不仅如此，电子商务的发展，还为中国其他行业的平台化提供了资本和人才，某种程度上是中国经济平台化的孵化器。当马云在试着用"诚信通"和支付宝来消除线上商品交易缺乏信任情形的时候，没有人相信，若干年后，建立在淘宝和支付宝基础上的平台帝国，可以在不知不觉中改变中国人的生活方式。

如果淘宝完成的是对传统商超模式的颠覆，那么京东商城则通过难以想象的物流快捷性完成了网购生活对普通人的普及教育。京东商城是一种混合型的平台模式，它将自营和第三方商家经营模式结合起来，通过自营与自建物流战略强化了京东"品质+快捷"的平台形象。

作为电商生态的重要一环，支付同样为电商所重视。但因为高频性以及对场景的强串联性，支付，尤其是移动支付，其影响早已超越了电商领域。移动支付大战是中国平台革命的一个关键性的节点，它在一定程度上奠定了中国一二十年内平台生活的基础和底层逻辑。尽管影响如此深远，但移动支付市场格局确立却是在极短时间内完成的。不过，与其说移动支付大战是市场竞争的过程，倒不如说它是市场培育与消费者教育的过程。

支付宝钱包和微信钱包，通过自身庞大的基础平台体系，以及与本地生活深度融合的战略，在拓展本地生活细分领域的同时，也培育了大众的无现金消费习惯，完成了一个看似不可能完成的"奇迹"。

2013年8月5日，微信5.0正式上线，业界讨论已久的微信支付成为现实。支付宝钱包、微信钱包移动支付大战揭开序幕。历经

2014年的滴滴与快滴打车软件补贴大战、支付宝"双十二"联合实体门店支付打折促销，2015年羊年春节的微信红包大战，大约在2016年，中国大中城市的移动支付消费习惯初步确立。自此，移动支付成为阿里巴巴与腾讯构建本地生活平台帝国的根基。

与支付大战紧密相连的是出行大战。出行大战不能不提的是出身于阿里巴巴体系、"不创业是会后悔的"程维。在他的带领下，滴滴出行上演了"在巨头阴影中前行"的好戏①。靠着补贴大战和强大的执行力，"滴滴出行"在行业中迅速壮大。在要么被巨头模式复制，要么被纳入某个互联网巨头资本体系的行业竞争逻辑中，靠着快速成长，滴滴获得了相对独立的发展格局。而在与快滴合并后，滴滴更是一统国内打车出行市场。

除了出行领域，在"食"的环节，美团和饿了么的平台竞争同样激烈精彩，不过其背后，仍然有阿里巴巴、腾讯两大基础平台及其资本的身影。受底层流量和资本运作的影响，中国的平台化，尤其是生活场景的平台化逐步演变成阿里巴巴与腾讯两大阵营本地生活生态体系之争。

当然，生活场景是一个较为平台化的领域。但不可否认的是，即使是很小的不为我们太多关注的领域，平台精英们同样可以通过平台模式建立起商业的帝国。杀毒软件就是这样一个领域。奇虎360的周鸿祎通过免费杀毒软件模式颠覆了传统杀毒软件业，建立起平台商业模式的流量基础，进而进军搜索引擎、游戏、广告等业务领域。

---

① 甘开全. 滴滴程维：在巨头阴影中前行［M］. 北京：新世界出版社，2017.

需要说明的是，中国商业社会已经发生以及正在发生的事情，某种程度上是世界上已经发生以及正在发生的事情的缩影，或者说，中国商业发展趋势某种程度上也是世界商业趋势的投射，正如中美平台主体的某种对应关系——易贝（eBay）之于淘宝，贝宝（PayPal）之于支付宝，脸书（Facebook）之于微博，优步（Uber）之于滴滴——平台化并非中国商业社会的专利品。

以上是过去20年中国商业社会波澜壮阔的平台发展画卷，然而事情正在发生变化。这个变化并不是来自始于2020年年末中国监管机构对平台企业和平台经济的严监管，也不是来自国际上涌动的对平台企业征收"数字服务税"的浪潮，而是来自新一轮科技革命。事实上，以上监管动向并不能阻挡我们社会的平台化脚步。相反，如果说，过去20多年，是平台革命的上半场，实现了个别平台企业到平台经济的壮大和发展，那么，未来的一段时间就是平台革命的下半场，平台将从当前的经济形态进一步进化为我们的生产生活方式，成为社会的基本形态。

首先，平台对社会生产生活各领域加速渗透。随着大数据、云计算、人工智能、物联网、区块链等技术的加速应用，平台正加速向社会生产生活各领域渗透。在公共服务领域，远程医疗、在线教育成为平台化的新热点，而在本地生活领域，细分化的本地生活平台不断涌现。智慧城市、智慧社区、智慧政务则将社会治理与互联网相对接。相较于上述领域，工业互联网平台和智慧农业平台则更具有革命意义。

其次，平台对社会生产生活的主导。随着平台的渗透和发展，一些平台逐步发展成为社会的基础设施，而随着平台向公共服务领域渗透，传统上由政府提供的公共品开始以政府与商业化机构共建平台的方式来供给。与此同时，平台推动了互联网与现实的最终融合，并通过数据运营成为社会运行的中枢和大脑。

最后，平台对生产生活的变革产生前所未有的深远影响。如果说过去 20 多年商业模式变革在平台革命中扮演较重要角色的话，那么未来的平台发展，其主要推动力则是科技创新及其应用。相对于商业模式变革时期的平台发展，科技革命时代的平台模式将对人类社会的变革产生更为广泛、更为深远的影响。

由此，新一轮科技革命与平台商业模式的结合，正将我们推向一个由场景驱动、生态节点链接、以数据运营为核心的网状的平台社会。平台社会的到来，将改变我们社会的运行机制和组织方式。部分社会运行机制的企业化、建立在市场权力基础上的"类政府"的产生、平台生态的二元竞争将改变我们的生产生活方式，也将改变作为社会生产生活重要主体的银行的存在形态。

平台银行与未来银行形态

平台银行是平台社会的银行形态，主要表现为平台服务中的银行、平台治理中的银行以及平台竞争中的银行。平台银行是平台化场景中的银行：一方面，隐匿在平台场景和生态中的平台银行将失去传统的有形特征或者说有形特征将不再是主流；另一方面，随着社会的平台化发展，平台银行服务将变得无所不在。依托平台数据以及平台银行内部的智能化运营体系，平台银行将向用户（客户）提供与场景相融合的线上线下一体化的综合化高频服务，并通过平台生态与平台生态外银行以及生态内银行展开同业竞争，而平台社会的45-45-10法则与有限的"赢家通吃"效应将以颠覆性的方式重塑不同银行的命运。总体而言,平台银行是互联网化的场景与银行智能运营体系的结合体,具有不同于传统银行的价值体系与行为逻辑。其主要特征有:

第一,平台银行是由若干基于场景和生态形成的子平台银行构成的多层嵌套的平台银行体系。在每个平台银行单元,场景、生态以及交互是平台化商业模式的基本构成要素。在平台银行服务体系中,银行服务更多隐匿于互联网平台的场景中、嵌入社会生产生活的交易环节中,银行服务与大量的非银行场景服务相互融合。

第二,平台银行是人与机器有效协同,技术与制度高度融合,以高频为特征,全场景、全时效、全客户、全业务(大额、小额)的银行体系。平台银行背后是以用户体验为导向、以数据为核心的运营体系。基于场景的综合性、与情感交互有机融合的智能化、由风控前端化所实现的管理价值化、由架构变革带来的敏捷化,是这一运营体系的核心诉求。

第三,平台银行以深度服务、持续交互、生态杠杆为经营理念,追求生态价值最大化。在平台银行的运行中,总分关系从管控导向转为分层服务,前后台的界限开始消失,生态和场景成为经营管理体系重构的依据。创新创业机制与专家治理体系是平台银行重要的组织特性,其与资本运行所实现的外部激励约束机制一起,构成了驱动平台银行发展的激励约束体系。

平台银行的产生和发展,是继央行制度的确立、世界范围的金融自由化浪潮后的第三次银行革命。如果说第一次银行革命是银行被纳入监管框架，脱离一般性企业范畴成为特殊的公共机构，第二次银行革命是银行重新走上市场化大潮，极大拓展了自身的业务范围与形态，那么，平台银行所掀起的第三次革命本质就是一场银行的运营革命。它将拓展银行的风控能力边界，突破银行的资源枷锁，逾越银行既有的服务属性，消除银行的成本约束，同时也将强化银行的科技属性和社会属性。一些银行可能成长为平台社会的底层基础设施。

需要明确的是，完善的平台银行本质上是未来银行的概念，它是科技革命与金融脱媒背景下的未来银行的实现形态。但即便如此，银行平台化发展的趋势却已经明晰，构建面向未来的平台银行体系，不仅可以为传统银行带来战略上的先行优势，也可以助力传统银行的当前业务竞争。

关于《平台银行》的说明

作为研究银行业未来业态的专业书籍，《平台银行》的研究主要基于传统银行自身的视角，真正的目的和意义还是在于推动行业的发展与转型。从这个角度来看，我们还需要就本书的内容对一些问题进行说明和厘清：

第一，本书为什么不以"互联网银行"命名，平台银行与互联网银行的联系与区别。平台银行是银行经营与互联网深度对接的产物，之所以没有将其界定为互联网银行，是因为平台银行是一个特定时段的范畴，它是在大数据、云计算、人工智能、区块链、物联网等新时期科技革命催生下，银行领域掀起的形态变革，它是一个未来银行的概念。相对而言，互联网银行已经是现实存在的概念，它产生的背景并没有与本轮的科技革命相联系,它的业务内容、业务模式、银行属性与本书阐释的内容,也存在巨大的差异。

第二,平台银行是开放银行概念的同义反复吗?开放银行是一个近几年理论界颇为热议的词汇,强调通过技术手段将归集、封装的银行服务嵌入第三方场景中。这与平台银行搭建第三方场景的论述颇有些相似。不过,和开放银行强调银行与场景对接的业务模式创新不同,平台银行强调的是在金融科技革命以及金融脱媒深度演进背景下,银行业务发展的场景化、高频化、智能化特征,其背后是银行运营体系以及银行行为、银行属性的变迁,本质上是银行形态的变革。而开放银行所蕴含的业务模式变革只是它的一部分,甚至不是必要内容(如平台银行金融自场景的运营)。

第三,本书的逻辑结构与章节设计。本书分为三大部分:一是背景篇,介绍平台银行产生的背景、图景及影响;二是现状篇,介绍我国银行业对平台银行发展的实践和探索,并分析存在的主要问题;三是构建篇,从商业模式搭建、运营体系构建、体制机制建设3个方面介绍平台银行是如何建立和运行的。

总体而言,本书篇幅不大,却涉及从宏观到微观,从理论到实务,从社会学到经济学、管理学等众多学科和领域。对于我来说,这是一个庞大的知识体系,驾驭起来总是困难重重。

作为行业内的一分子,我总是希望这本书能成为行业发展的指南,希望能将趋势的思想性和银行经营的技术性进行较好的结合——但这几乎是不可能完成的任务。受个人战略视野、能力所限,某种程度上看,这本书可能更多扮演提出问题、启发思考的角色。

与此同时,我也努力将语言通俗化,提高可读性。

简言之,受制于个人的能力禀赋,这本书注定会有很多自己难以察觉、难以驾驭的问题,在此欢迎各界人士给予批评指正。

目录

第一部分 背景篇 1

第1章 平台银行与第三次银行革命 3
平台社会的悄然而至 5
平台银行是平台社会的银行形态 16
第三次银行革命 26

第二部分 现状篇 45

第2章 我国银行的平台银行实践 47
平台模式在传统银行领域的渗透和发展 49
跨界竞争与全新银行体系的产生 55
我国平台银行实践探索的误区与挑战 62

第三部分 构建篇 87

第3章 构建平台银行商业模式：场景、生态与交互 89
平台银行的一般形态与平台银行构建要素 91

跨越低频陷阱　94

融入社区的 O2O 业务模式　99

做价值链的整合者/参与者　105

第 4 章　平台银行的运营：需求、价值与交付　123

平台银行运营是以智能化为特征的全面数字化运营　125

以场景为背景的产品与服务的交互体系　130

以大数据风控为基础的智能化价值管理体系　136

以大中台建设为支撑的敏捷交付体系　141

以智能、实时、线上运营为导向的数据治理
与 IT 架构　145

第 5 章　平台银行的组织行为：价值重建与行为再造　149

持续交互、深度服务、生态杠杆的价值创造逻辑　151

"总分—条线—前中后台"体系的重构　155

以创业驱动、专家治理为内核的创新型组织特性　162

要素价值变迁以及平台银行的科技哲学　168

平台银行的资本逻辑与外部运行机制　173

后记　《未来银行之路》的答案篇　177

参考文献　181

第一部分　背景篇

第 1 章　平台银行与第三次银行革命

互联网的发展、科技的进步以及商业逻辑的进化，三者的融合将平台革命从平台企业、平台经济时代推向平台社会阶段。人类社会将从产业链、价值链为基础的，由供求连接的散点网络社会进入以数据运营为基础的、由场景生态节点链接的网状社会。由生态节点链接的社会网络的形成，将重构供求关系，缩短供需链条，促进服务的集成，是社会功能实现以及价值创造形式的革命，它标志着用户主权时代的到来。强化社会运行以及社会功能实现的系统性，是平台社会的本质。作为平台社会的银行形态，平台银行存在的价值和意义也在于此，它是继央行制度的确立、世界范围的金融自由化浪潮后，由科技革命引发的第三次银行革命。

平台社会的悄然而至

2021年2月7日,国务院反垄断委员会印发并实施《关于平台经济领域的反垄断指南》。这与过去几年全球涌动的对平台企业征收"数字服务税"的浪潮一起,又一次使平台企业和平台经济的发展及问题暴露在世人面前。过去20年,是平台企业和平台经济方兴未艾的20年,但显然,平台企业、平台经济正进入一个新的调整与发展时期。不过,平台革命的浪潮并不会因此而偃旗息鼓。不仅如此,以网络化、数字化、智能化为核心的科技革命浪潮,正在催生一幅由场景驱动、生态节点链接、以数据运营为核心的网状社会图景。

从平台经济到平台社会

如果说过去20多年是平台革命的上半场,它实现了个别平台企业到平台经济的壮大和发展,那么未来一段时间就是平台革命的下半场,平台将从当前的经济形态进一步进化为我们的生产生活方式,成为社会的基本形态。平台将进化为我们基本的生产生活方式,决定于3个发展趋势:

一是平台对社会生产生活各领域的加速渗透。

在过去相当长的时间,平台企业和平台经济主要集中于电子商务、本地生活、在线娱乐、在线社交等领域。不过，随着大数据、云计算、人工智能、物联网、区块链等技术的加速应用，平台正加速向社会生产生活各领域渗透。在公共服务领域，远程医院、在线教育成为平台化的新热点，而在本地生活领域，细分化的本地生活平台不断涌现。而智慧城市、智慧社区、智慧政务则将社会治理与互联网相对接。相较于上述领域，平台对第三产业以外的农牧业和工业的渗透则更具有革命意义。

工业体系和互联网体系深度融合产生了工业互联网，它是新一轮工业革命的关键支撑。而工业互联网平台则是工业互联网发挥作用的节点与核心。它将应用生态与系统设备相连接，推动设备产品管理、业务运营优化、社会化资源协作、工业知识共享的云化与智能化管理。在智能传感器、云化工业软件、网络通信等关键技术应用支撑下，强化企业内部、上下游企业之间、跨领域生产设备与信息系统的互联互通，进而实现制造资源的泛在连接、弹性供给和高效配置。数据显示，2020年，中国"5G+工业互联网"项目超过1 100个，[①] 而具有一定影响力的工业互联网平台已经超过70家。

在农业领域，智慧农业平台则成为农业智能化和产业形态变革的关键推手。它通过物联网、卫星遥感、无人机、大数据、人工智能等技术将作物生长与平台模式相连接，通过对温度、水分、土壤成分、作物生长情况等数据进行分析，实现对作物生长的分析预测与智能化管控，推动作物周期与产业链运行的融合，推动作物改良、育种选种、水肥控制、病虫害治理、机器采收、品质检测的智

---

① 张敬伟. 平台经济的"垄断游戏"玩不下去了［N］. 北京青年报，2021-02-09.

能化和一体化发展，推动一、二、三产业的融合。

二是平台在生产生活中的主导性。

主要表现在4个方面：其一，平台的基础设施化。随着平台的渗透和发展，一些平台逐步发展成为社会的基础设施。从我国的情况看，目前大型支付平台支付宝、社交平台微信都已经成长为社会的基础设施。未来，将有更多领域的平台进化为社会的基础设施。平台的基础设施化是未来平台发展的重要趋势。

其二，平台成为公共品提供者。随着平台向公共服务领域渗透，传统上由政府提供的公共品开始以政府与商业化机构合作的方式来供给。上述形式，一方面保持了平台基础服务的公共品和公益性属性；另一方面，又通过商业化服务对公共服务的嵌入，实现平台的商业可持续性，并扩大公共品的供给能力，提升整个社会的公共服务水平。

其三，平台推动互联网与现实的最终融合。作为曾经的信息沟通或虚拟交易的渠道（比如电子商务），平台只是信息流、资金流的线上流动方式，但随着平台与社会生产生活的进一步融合，平台成为线上线下一体化的体系。线上信息交换、资金流动将以智能化的方式与现实的生产组织、物流配送、生活消费实现即时融合。它与移动互联网所实现的泛在性相结合，将彻底褪去互联网曾经的虚拟性印记。

其四，平台成为社会运行的中枢和大脑。随着大数据、云计算、人工智能、物联网以及5G通信技术与平台模式的融合，城市运行管理、工业生产、农业生产等领域的平台体系，已经不再是传统意义上信息与动态展示的平台，而是即时性大数据处理中心、决策运算中心以及指令传输中心。智能化时代的平台，已经成为社会运行的大脑和中枢。

三是平台对生产生活变革前所未有的影响深度。

如果说过去20多年商业模式变革在平台革命中扮演更重要角色的话，那么未来的平台发展，主要推动力则是科技创新及其应用。相对于商业模式变革时期的平台发展，科技革命时代的平台模式将对人类社会的变革产生更为广泛、更为深远的影响。以自动驾驶技术与平台模式结合的革命性的前景为例，我们来管窥未来社会关于出行的图景。①

当前，新一代移动通信技术、互联网技术、大数据、云计算、人工智能技术与汽车产业融合，已经使无人驾驶汽车的发展处在产业化的前夜。从国家智能网联汽车（上海）试点示范区于2015年6月在上海成立开始，我国无人驾驶汽车发展不断加速。2016年1月，工信部、北京市、河北省三方签署合作协议，拟在北京经济技术开发区（亦庄）全面建成智能汽车与智慧交通产业创新示范区。2017年年底，北京亦庄建成占地44万平方米的国家级智能网联汽车封闭测试场。2019年12月19日，北京市宣布亦庄经济开发区4 000万平方米区域、322公里道路正式开放，北京亦庄经济开发区也成为北京市首个区域性自动驾驶测试区。当然，这只是汽车领域的技术革命，那么它与智能化的平台模式（或者与当前的优步或滴滴出行模式）结合会有怎样的影响呢？

首先可以肯定的是，我们不再需要考驾照；但革命性还不仅如

---

① 帕克，埃尔斯泰恩，邱达利. 平台革命[M]. 志鹏，译. 北京：机械工业出版社，2019.

此，由算法驱动的、智能化平台控制的商业化无人驾驶出租汽车，高度便捷，像空气一样即需即取，在这种情况下，我们也将失去自己买车的理由；而在智能平台与城市管理系统的综合管理下，商业无人驾驶出租汽车始终处在高效运转状态，在这种状态下，我们也不再需要停车场。不仅如此，私家车的消失还带来汽车产业链的重构，面向终端的4S店将成为历史，车展要么蜕变为和画展一样的纯艺术性的享受，要么退化为厂家之间技术交流的机制……在一连串变革的传导下，我们的生活将变得焕然一新，不再有堵车的烦恼，不再有停车的忧虑，不再有……关于科技革命时代平台对我们生产生活的影响，可能远超过我们目前的想象。关于平台社会的逻辑和图景，见图1.1。

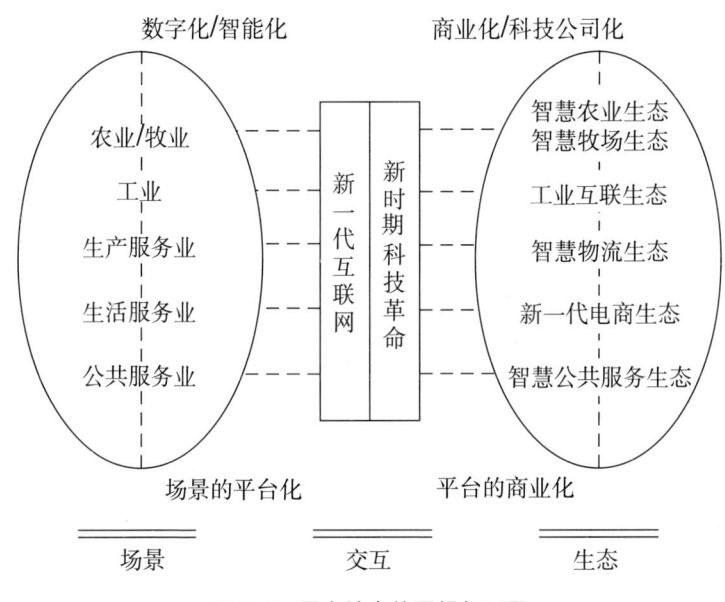

数字化/智能化　　　　商业化/科技公司化

农业/牧业　　　　　　智慧农业生态
　　　　　　　　　　　智慧牧场生态
工业　　　　新　新　　工业互联生态
　　　　　　一　时
生产服务业　代　期　　智慧物流生态
　　　　　　互　科
生活服务业　联　技　　新一代电商生态
　　　　　　网　革
公共服务业　　　命　　智慧公共服务生态

场景的平台化　　　　　平台的商业化

场景　　　　交互　　　生态

图1.1　平台社会的逻辑与图景

以数据运营为基础、由场景生态节点链接的社会形态

正如上文所述,平台革命的下半场,来自互联网的发展、科技的进步以及商业逻辑的进化。三者的融合,将平台革命从平台企业、平台经济时代推向平台社会阶段。在这一历史阶段,各领域、逻辑相互交叉重叠的平台成为社会的基本单元,包括3个方面的特征:

一是以场景为基础的社会运行结构。

在平台社会体系中,平台的创生、发展和进化推动着社会的运行与进步。从本质上看,平台是基于场景所构建的服务单元。平台的创生是场景服务的平台化,平台的发展是平台化场景服务功能的不断完善,平台的进化则是场景构建逻辑的重构和细分化。因此,场景需求的结构变化、对场景的不同定义,就成为驱动平台社会发展的原动力。

场景需求成为驱动社会发展的原动力,标志着社会运行结构的重大变迁。传统上,微观主体的供求关系以及市场竞争机制(价格是载体)驱动着社会发展。但在平台社会,社会运行的焦点在关注微观主体供求关系与市场竞争的同时,更关注作为社会运行环节和社会功能实现节点的场景。某种程度上,场景更具有中观意义,也就是说,在平台社会时代,社会运行效率的进一步提升以及社会功能的实现和完善,是通过中观意义的社会组织形式变革来实现的。强化社会运行以及社会功能实现的系统性,是平台社会的本质。

二是以数据为基础要素的社会运行机制。

在很长一段时间内,平台的机制在于撮合交易。这种功能主要

通过平台的营销策略和商业模式——免费和补贴——来实现。对此，2014年诺贝尔经济学奖获得者让·梯若尔（Jean Tirole）与其同事罗歇（Rochet）在2003年的合作文章《双边市场中的平台竞争》①中对"双边市场"的平台价格结构机制进行了深入的研究。根据他们的理论，我们可以深化对平台价值和作用机制的认识。与传统古典经济学家笔下的价格机制不同，平台能够对卖方和买方施加不同的价格策略，通过对平台一边参与者的补贴，来增加另一边参与者的利益，从而促进交易的撮合。这种双边市场的"跨边网络外部性"，是平台价值和作用机制的关键所在。以"跨边网络外部性"为基础的规模经济、范围经济以及消除交易双方信息不对称的微观机制设计（如信用打分机制、第三方信用担保机制），是平台运行机制的核心内容，它实现了对交易的撮合，推动了供求资源的集聚和配置。不过随着平台对经济社会的渗透以及新兴科技的应用，平台在自身运作机制进化的过程中，也改变了社会的运行机制。

首先，平台的进化和发展，解决了数据的内生性问题，形成了各行各业各主体大数据的创生、加工、分析以及应用的体系。其次，平台对社会生活的渗透以及平台之间的链接，可以促进全社会统一的数据体系的形成，并由此加速不同数据的融合以及在不同场景的交叉应用。以农业数据与社会运行体系的融合为例，农业数据与服务业相结合，可以促进乡村旅游、休闲养老、农村

---

① ROCHET J C, TIROLE J. Platform Competition in Two-Sided Markets [J]. Journal of the European Economic Association, 2003, 1 (4): 990 – 1 029.

文化等产业精细化发展；农业数据与金融相结合，孕育农业保险、农产品期货、大数据银行服务等农村金融创新。最后，在大数据、云计算、人工智能技术支撑下，数据和算法成为交易决策、资源配置的决定性因素。

正是数据的生产、数据的应用以及数据分析技术这3个要素的进化和发展，使数据成为智能时代社会的关键要素，而大数据中心、人工智能则成为社会新基建的关键领域。在此情况下，以平台为中心的基于数据分析的智能决策机制与传统的价格机制一起，构成了智能时代社会运行的基本机制。

三是生态聚团的社会形态。

传统社会是一个由供求关系编织而成的网络，这一网络的内核，是供应链和产业链。与传统的供求散点网络社会不同，在平台社会，平台的存在使整个社会进化为由平台节点链接而成的新型网络体系。在这一体系中，围绕一定的场景，平台构建起生态化的服务系统。这一系统，在同样强调供应链和产业链的同时，更强调通过平台方式实现的服务对场景的嵌入，从而实现场景服务的若干特性，包括服务的定制化、服务的即需即用性、服务的综合性以及一站式（一揽子解决方案）。

由生态节点链接的社会网络的形成，将重构供求关系，缩短供需链条，促进服务的集成，是社会功能实现以及价值创造形式的革命，它标志着用户主权时代的到来。传统上，供求双方是平等的，尽管在竞争中由于竞争优势而存在买方市场与卖方市场的形态，但平台社会通过社会组织形式变革强化并固化需求方（用户）在社会运行中的地位，其实质还是在于提升社会运行效率，强化社会功能实现，并最终提高社会福利。从这个意义上讲，平台社会的到来是科技革命时代社会进化的必然趋势，是科技革命与平台商业模式融合的必然产物。

全新的社会组织形式

平台社会形态的产生，背后是社会组织形式的重大变革，它将改变传统上市场、企业、政府在社会运行中的关系。市场、企业、政府三者之间的配置关系是现代经济体制的基础，也是经济学需要解决的重大问题。

市场是社会分工和商品生产的产物。亚当·斯密在《国富论》中阐释了劳动分工、市场交换与经济繁荣的关系，同时也界定了政府的最佳角色，即市场的"守夜人"。从根本上说，政府的守夜人角色，来自市场的内在缺陷——市场需要政府来控制市场机制下自发产生的垄断，市场需要政府来消除市场机制的外部性，市场需要政府弥补市场机制下公共品以及公共服务供给不足的情况。而在现代经济生活中，企业是最普遍、最重要的存在。但在新古典经济学中，企业只是一个关于生产活动的黑箱，它被简化成一个生产函数。

但是，新制度经济学鼻祖罗纳德·哈里·科斯（Ronald H. Coase）[①]的学说让我们对企业以及企业与市场的边界有了全新的认识。

---

① 科斯是20世纪最重要的经济学家之一，于1991年获得了诺贝尔经济学奖。他的两篇论文，一篇是1937年他27岁时发表的《企业的性质》，另一篇是1960年他50岁时发表的《社会成本问题》，对经济学以及法学产生了划时代的影响。

在科斯看来，市场交易、企业内部交易，甚至政府对市场的监管等都是不同的合同形式或组织形式，哪种形式胜出是根据竞争和效率的原则决定的。[①] 按照科斯的观点，市场中交易成本的存在是企业存在的基础，而市场运行与企业内部运行两种方式交易成本的比较决定了企业与市场的边界。

不难看出，现代经济的理想状态是市场、企业以及政府在社会效率以及全社会整体福利最大化的基础上，形成边界清晰、各司其职、良性运行的体系。

不过，平台的产生改变了市场、企业以及政府既有的边界。它使平台社会下的经济运行机制及其组织体系产生了重大的变化，主要表现在以下3个方面：

第一，部分社会运行机制的企业化。

平台将原来由外部市场解决的部分领域以及部分社会运行机制转移到平台的内部，纳入平台企业的管理之中。平台企业依托互联网的手段，通过建立更稳定的合作关系以及平台内部的公共服务体系，将原来相对分散的主体以更加紧密、更加高效的方式链接起来。电商平台实际上是将社会流通领域进一步内部市场化。它通过互联网技术，消除供求双方的信息不对称；依托平台内部的物流服务、金融服务、客户服务，提升平台内部的运营效率。

第二，建立在市场权力基础上的"类政府"的产生。

本质上平台企业所建立的内部市场体系是社会运行机制及其体系的浓缩。就社会整体而言，平台是一家企业，但就平台内部的各

---

① 钱颖一. 现代经济学与中国经济 [M]. 北京：中信出版社，2017.

主体而言，平台企业又扮演着"类政府"的角色。

平台企业对平台内部各商户提供"类政府"似的公共服务，对平台内部各商户经营行为进行监督，还对自身员工进行"反腐"，平台有自身的交易工具和媒介，一些平台甚至发行虚拟货币。

不过，与现实中的政府不同，平台的"类政府"角色，不是来自政治，而是来自市场，是一种基于市场权力而形成的角色地位。以菜鸟物流为例，在菜鸟的生态体系中，菜鸟将自身定位于生态的组织者、服务者以及监督者。这样的定位源于阿里系电商庞大流量赋予菜鸟的生态话语权。

与此同时，菜鸟还通过3方面的战略举措实现对菜鸟联盟物流生态的掌控。一是自建、自营仓储体系。二是构建以科技为支撑的智能化运营体系。根据天猫、淘宝的交易物流信息搭建起一个被称为"天网"的数据网络。"天网"根据其信息优势，布置仓储，调配物流，提高物流快递转运的效率。与此同时，菜鸟还建立了智能化仓库管理系统，提高仓库库存管理、分拣、装货效率。三是建立菜鸟驿站，形成对下游终端客户的控制和截流。

第三，从企业之间的一元竞争到平台生态的二元竞争。

企业竞争是"看不见的手"发挥作用的关键要素。但平台的出现，改变了企业市场竞争的形态。一方面，平台内部保留了各商家的竞争关系，但另一方面，没有被纳入平台生态的企业往往难以抗拒平台的竞争，在这种情况下，市场中的企业只能选择与平台合作，成为平台生态的参与主体。于是，传统的竞争关系开始复杂化（见图1.2）——企业间的市场化竞争演化为在平台生态参与主体合作基础上的平台间的竞争、平台内部各参与主体之间的竞争，市场竞争从一元形态演变为二元形态。

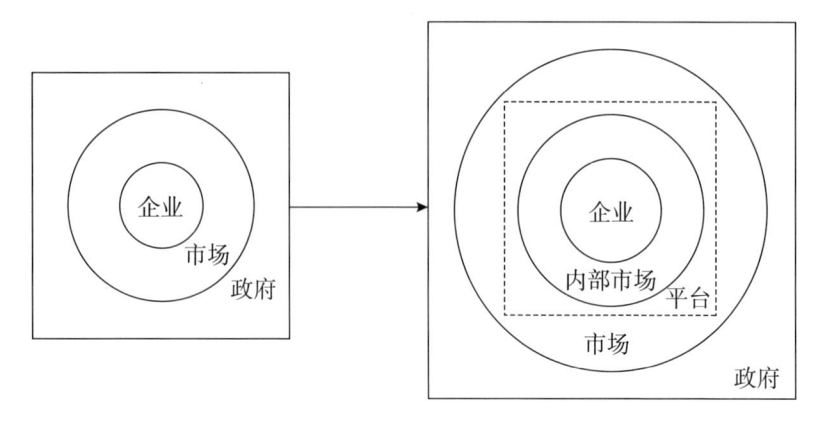

图1.2 平台的产生对社会运行的复杂化

平台银行是平台社会的银行形态

在平台社会，平台改变了社会的运行结构、运行机制以及存在形态，在这种情况下，作为社会生产生活重要参与者的金融，其存在形态也将发生变化。就银行而言，这种变化表现在3个方面，包括在平台体系下银行与客户关系的变化、银行与平台关系的处理以及银行通过平台与其他银行的竞争与合作关系，即平台社会中的银行形态，表现为平台服务中的银行、平台治理中的银行以及平台竞争中的银行。

平台服务中的银行

传统上，银行在社会生产生活的微观活动中与客户形成互动，但在平台社会，平台成为社会运行的基本链接单元，在这种情况下，银行就只能存在于平台的服务生态中。于是，银行的形态、银行服务的内容、银行服务的性质等都将发生改变。具体而言，它具有4个特征：

一是平台化场景中的银行。平台化场景中的银行首先是"消失的银行"。在传统的银行体系中，网点的存在使银行具有有形的形态，但在平台社会，网络成为关键基础设施，在这种情况下，平台生态中的银行就失去了传统的有形特征或者是有形特征不再是主流。但另一方面，随着场景的不断平台化，与平台生态相伴生的银行又变得无所不在。于是，"无所不在的银行"就成为"平台化场景中的银行"的第二个含义。不仅如此，传统上银行与客户的直接交互，也变成了用户与平台交互，并在与平台的交互过程中享受包括金融服务在内的场景服务，即"用户—平台—银行"机制对"客户—银行"的代替，是"平台化场景中的银行"的第三个含义。

二是高频服务的银行。平台的意义在于提高社会运行效率，促进场景服务功能的实现。因此，平台生态中的银行服务也要求是高效和便捷的。就银行而言，这主要表现为平台银行服务的高频化趋势。这种趋势主要基于几个原因和条件。其一，随着社会资本的积累以及资本市场的高度发达，资金和资本的稀缺性大为下降，而大型项目融资基于成本和期限配置的需要，也更多由资本市场提供。在这种情况下，融资服务比例将有所下降，融资结构也将呈现短期化趋势，由此平台银行业务将呈现高频特征。其二，在平台社会，数据成为关键要素，数据的运营成为社会的运行机制，在此情况下，平台与用户持续交互所产生的多维数据为银行的风控提供了条件。不仅如此，用户对平台的依赖，也提供了变相担保机制。其三，银行在金融科技推动下，自身的运营体系将发生重大变化。大数据产品开发、智能化服务为银行的高频服务创造了条件。其四，IT基础、治理架构变革，将为银行产品与服务的敏捷交付提供系统和架构基础。

三是综合解决方案的银行。在传统的业务体系中，银行也追求交叉销售和综合化服务，但无论是银行内部的产品交叉销售、银行集团框架内的母子公司联动，还是银行与非银机构的合作，都相对缺乏一种有效的机制，实现综合化服务的有效协同，尤其是在部门银行体制下。但在平台银行体系下，在平台的生态链接下，银行具有更为紧密的链接机制实现综合化服务。不仅如此，平台所实现的数据化运营及共享，也为上述联动提供了技术条件。与此同时，平台是基于场景的专业化服务体系，专业专注也为银行更有深度的综合化服务创造了条件。而银行服务与场景服务的结合，更为银行金融服务创造了客户黏性。

四是虚拟与现实相统一的银行。平台社会的平台体系是虚拟与现实相统一的体系。同样，作为场景生态中的一员，银行服务也将呈现出上述特点。具体而言，它包含3个方面的内涵。首先，在平台运营和银行服务智能化背景下，如何体现银行服务的人际交互属性，如何避免智能化对人际情感的排斥，这是平台银行服务重要原则。其次，平台银行服务尽管主要依赖于网络平台，但金融服务也包括一定的实物和面对面服务，银行服务的平台化，也需要针对客户提供硬件维护和推广。在这种情况下，银行就需要处理好平台模式下O2O服务的问题。最后，在平台银行服务中，还存在线上银行服务与非银行场景化服务拟合问题，银行会在一定程度上承担一些线下场景服务，比如本地服务中的社区服务，银行如何处理好这方面的服务，也是平台银行有效运行的关键。

平台治理中的银行

平台社会的银行形态还需要从平台与银行的关系来解读。作为一种全新的组织形式——平台，其赋予银行以生态的力量，平台银行可以凭借平台的力量，突破效率与资源边界。但另一方面，银行也需要对平台的公共服务、类政府管理以及网络效应支付"费用"。具体而言，平台与平台生态中的银行的关系，可以从两个方面解读：

第一，平台的效率与资源优势对于银行的意义。

创新理论的奠基者熊彼特认为，创新往往意味着毁灭。平台企业的效率和资源优势，也往往表现为对传统行业以及既有行业格局颠覆式的影响。正如马云的"银行不改变，就改变银行"对此所做的注脚。从根本上说，平台是技术创新与商业模式创新的结合体。它突破了传统商业逻辑上的两大边界，一是效率边界，二是资源配置边界。

从效率边界来看，传统服务方式囿于成本上的不经济，存在二八客户原则，但在互联网支撑下，服务于长尾客户在成本效率上已经变得可能。另一个就是线上服务的泛在性，它使平台突破了时间以及空间对服务的约束。

相对于效率的提升，平台对资源边界的突破更为关键，它也是平台创新的关键所在。传统上，供给与需求的链条，在行业、产业所构筑的边界中运行。但平台以自身独有的逻辑打破了这一边界。以微信为例，它以社交为基础，建立涵盖便民服务、公共服务、金融以及第三方服务在内的平台服务体系，通过本地化场景将不同行业的资源整合起来，进而构建起本地化的服务生态。

效率边界和资源组合边界的突破，赋予平台企业以极大的力量。在这种力量进逼下，传统行业中的企业个体，是无法与之相抗衡的。于是，行业格局在极短时间内被重塑。与此同时，由于平台打破了既有的行业与产业格局，各种跨界竞争变得越来越普遍，跨界带来的新打法以及资源的新组合，也将重塑行业和产业发展的格局。

平台在颠覆传统行业格局中显示了强大的力量，但某种垄断性平台的形成并非意味着颠覆的终结。这主要源于两种趋势：一是科技的创新将进一步提升平台的效率能力，从而改变既有技术下平台的战略情势，改变新旧平台的竞争格局；二是，行业与产业要素资源的重组和创新是一个不断发展的过程，它也将赋予新平台以颠覆既有平台的契机。电商新贵"拼多多"的崛起就是一个通过资源重组从而颠覆行业格局的极佳案例。拼多多将传统电商界定为搜索电商，而将自身定位于社交电商，从而通过社交拼团模式切入巨头林立的电商市场。这种模式利用社交圈人与人之间的信任关系，以极低的营销成本实现裂变式传播。与此同时，拼多多还贯彻"农村包围城市"的市场定位，它与低价策略、"腰部"商户的合作关系、微信平台的流量引入等因素结合，成功打造了独特的"C2B"电商模式。自2015年9月上线，拼多多在短短3年时间就突破3亿用户、百万商家，跻身于国内电商平台的第三极。[①]

[①] 袁国宝. 拼多多拼什么？[M]. 北京：中国经济出版社，2019.

对于平台生态中的银行而言，平台的效率和资源优势以及由此获得的颠覆力量，意味着流量和客户，意味着银行的业务发展机遇以及跨越式成长机会。

第二，银行与平台的利益关系以及银行处理自身与平台关系的可能性选择。

回答这个问题，我们需要从平台特殊的商业模式以及收益模式说起。传统上，一家企业通过产品和服务来为客户提供服务，并获得相应的报酬。我们将其称为一个交互过程。在这一交互过程中，企业实现了盈利。或者说，直接售卖产品或服务，是该企业的盈利模式。

但在平台世界，平台的经营方，通过平台的某项服务功能与受众建立起交互关系，但是这种交互关系并不一定给平台直接带来收益。比如，谷歌为用户提供了搜索服务，但是并没有直接从搜索用户手中直接收取费用。

平台赖以形成的核心交互（比如搜索引擎的搜索服务之于搜索平台）与盈利模式的相对分离，是平台的重要特点。

平台商业模式的实质是通过某种核心交互建立一个依托于某个特定功能的虚拟社会，正如电商平台通过买卖这个交互动作建立起线上商品流通王国。从供给端来看，围绕特定功能，平台通过开放性的多方合作，构建起服务于用户的生态体系。从某种意义上讲，我们的社会实际上是全部社会功能的大平台，而平台企业构建的平台世界则是社会某一个功能的提炼。从两个单一主体（供给方和需求方）的交互关系到虚拟职能社会的交互关系，本质上是从客户关系到用户关系的演进。

关于用户和客户的关系，奇虎360董事长周鸿祎有着深入的认识。他认为，"用户是那些你能长期提供一种服务，能长期让他感知你的存在，能够长期与你保持一种联系的人"。[①] 只有在互联网上积累了足够多的用户，才有能力把其中一些用户转变成客户。没有用户，就没有客户。

周鸿祎认为，丧失了用户，就意味着与潜在的客户隔绝，进而被通道化、边缘化，成为平台世界的后台。对此，他举了电信运营商和微信的案例。曾几何时，电信运营商并不认为微信是其威胁，因为使用微信的人仍然需要付流量费。但周鸿祎却一针见血地指出，微信对运营商最大的杀伤在于其使运营商与中国几亿给它交话费的人隔绝了。运营商不再能够接触到用户，不再能够理解用户需求，也根本不可能再推出新的业务。最后，运营商被边缘化为单一的流量通道，成为流量商，成为微信平台的后台设施（这个例子与支付宝、余额宝对银行账户的边缘化影响颇为相似）。

用户群体和供给端体系所构成的复杂系统，实质上是一种社会化生态，它使利益交互关系丰富起来，各种主体可以基于庞大的用户群建立起自身的价值链条。这种丰富的利益关系，也使平台自身在盈利模式上，可以不再过多依赖平台的核心交互和服务。

相反，平台可以通过核心交互服务的免费，甚至补贴（反过来付费给被服务者）方式来加强竞争力，加快自身平台社会的形成过程，即我们在开篇所阐释的平台"跨边网络外部性"。免费和补贴的方式在传统商业逻辑来看，是不可思议的，是不可持续的，但其

[①] 周鸿祎. 周鸿祎自述：我的互联网方法论［M］. 北京：中信出版社，2014.

背后的逻辑在于平台收益已经从直接的企业化收益转变为间接的社会化收益,即平台收益是对平台中各种价值体系的再开发和分割。

显然,从平台的商业模式以及收益机制来看,银行作为生态中的主体,享受到平台的网络效应、平台方的公共服务以及类政府管理。因此,平台生态中的银行要将自身收益的一部分以网络效应分红(B)、类政府"税收"(T)、"公共服务收费"(F)等形式支付给平台。

综合以上两个方面可以看出,平台中的银行一方面享受到平台带给银行的效率和资源优势,但另一方面,银行也要将自身的收益以一定的形式(或显性模式,或隐性模式,如搜索排位、广告费、提供平台IT建设等)支付给平台方。

但这就产生一个问题,即当银行支付的总支出(B+T+F)大于等于平台构建支出(I)时(即 I≤B+T+F 时),银行就有动力去自己搭建平台。不仅如此,如果银行的收益还考虑到战略收益、社会声誉等的话,银行实际的动力将更强。当然,不同性质的平台获得成功所需要付出的支出差异极大,在某些性质的平台上,根据以上公式,银行跨界构建平台,从而为自身的金融服务直接搭建场景平台是具备可行性的。

平台竞争中的银行

在平台社会,平台银行隐匿在平台的生态中,银行之间的竞争,一方面表现在平台内部不同银行的竞争,另一方面也表现为不同平台上银行的竞争,即平台生态的二元竞争。相对于传统银行的竞争,银行通过平台所实现的发展差异更为明显。因此,我们重点考察平台之间的竞争逻辑。

一是平台集聚的加速效应。

在平台世界，平台的发展并不是一个匀速的过程。而是在达到某个临界点后，存在一个突然的加速过程。因此，平台早期的发展是非常困难或是缓慢的。平台需要同时建立客户与供给两端的集聚，并建立起良性的交互关系。但一旦平台跨过最初的门槛，平台自发的传播和集聚机制将发生作用。平台客户集聚将进入爆发期。

微信在用户数达到1亿时，耗时433天，而仅仅用了不到6个月的时间，其用户数便实现了1亿到2亿的飞跃；陆金所作为一家P2P平台，用户从0到500万花了3年多时间，而从500万跨过1 000万门槛，却只用了6个月。

上述现象源于互联网应用的正向外部性，在其作用下，使用平台的用户越多，网络上的产品及服务越能体现出价值，进而越能吸引更多的用户来使用，一旦客户的数量规模突破一定的"引爆点"，"用户—服务"之间的正反馈循环，将带来网络规模的爆发性增长。在这种效应下，加速发展，推动客户规模尽早突破"引爆点"成为平台世界企业竞争的关键。

二是45-45-10法则与有限的"赢家通吃"效应。

吴军在《浪潮之巅》一书中借用苹果公司原CEO斯卡利的商业寓言，对70-20-10法则进行了阐释。

"当某个领域发展成熟后，一般在全球容不下3个以上主要的竞争者，这个行业一定有一个老大，就像一个猴王，它是这个行业的主导者。毫无疑问，它虽然想顺顺当当统领整个行业，就像猴王想让猴子们永远臣服一样，但是它一定会遇到两个主要的挑战者，也就是老二，也许还有老三。其余是一大群小商家，就像一大群普通猴子。老大是这个领域的主导者，不仅占据着超过一半，通常是百分之六七十的市场，并且制定了这个领域的游戏规则。老二有自己的、稳定的百分之二三十的市场份额，有时也会挑战老大并给老大一些颜色看看，但总的来说是受老大欺负的时间多。剩下的一群小猴子数量虽然多，却只能占到10%，甚至更少的市场，基本上唯老大马首是瞻。"[1]

吴军将信息产业大公司之间市场份额的关系，界定为70-20-10法则。70-20-10法则很好地描述了信息产业市场结构。

与信息产业相比，平台经济的市场结构略有差异。两者的相同点在于，这仍然是一个赢者通吃的市场，巨头们占据了绝大部分的份额，正如支付宝和微信占据了90%以上移动支付市场份额一样。

但两者也具有不同点，相对于老大的绝对统治地位，平台市场结构更倾向于双寡头垄断格局。比如，电商淘宝与京东，打车平台曾经的滴滴和快的，网络外卖的美团和饿了么，莫不是对45-45-10法则的阐释。

平台的上述特性，根源于平台的本质，即平台是通过市场的方式构建起的具有特定功能的虚拟社会体系。从社会的角度看，平台的边界在于整个社会；但从市场效率而言，一个完全垄断的市场，其服务效率和服务质量将有所下降。在这种情况下，市场机制下的虚拟社会的结构会形成一种均势，其内在机制在于"社会成员"在不同平台的并存以及不断进行市场的优胜劣汰。

---

[1] 吴军. 浪潮之巅 [M]. 北京：人民邮电出版社，2019.

相反，信息产业在技术和产品领域的差别更大，消费者再选择的成本和鸿沟更大，所以其头部企业的优势更为明显。

平台世界的集聚加速机制和45－45－10市场结构，既使平台竞争成为一种比拼速度和规模的生存之战，一种强者恒强的游戏，同时也给予后来者一定的生存空间，以实现人们对平台服务的选择权，并形成对平台持续提升服务的压力和激励。

第三次银行革命

平台社会的银行形态，本质上是一种未来银行形态，但即便如此，银行经营的平台化趋势，仍深刻影响着我国银行业的变革与发展。平台银行的未来银行图景正在现实中引发一场新的银行革命。

银行经营的平台化趋势，是银行业第三次重大变革，其影响的深度和广度，堪称银行业的革命。从银行发展的历史来看，现代银行业已经经历了两次革命。

银行史上的第一次革命与央行体系的确立相关。1907年的美国金融危机，促发了美联储的诞生。美联储的成立，促进了央行制度在世界各国的发展。而央行制度的确立，也从根本上改变了商业银行的发展轨迹，它使商业银行的经营管理脱离了传统企业的范畴，纳入政策性、管制性与合规性的框架。商业银行成为特殊的公共服务机构。

首先，央行的产生，催生了存款准备金制度。存款准备金的设立，初衷在于保证商业银行能够对客户提款要求进行支付。不过，随着时间的推移，存款准备金逐渐具备了清算资金的功能，再后来又发展成为货币政策工具。在这一过程中，商业银行成为货币创生与货币政策传导链条中关键的节点。它改变了银行作为普通企业的原始属性。其次,央行的产生,将商业银行的经营纳入管制的轨道。准入管制、地区管制以及利率管制,使银行业市场成为一个相对封闭、不完全竞争的市场。最后,银行的监管要求,构建了现代商业银行的经营框架。3个版本的《巴塞尔协议》以及各国具体的实施办法,不仅将银行的经营纳入杠杆管理的框架,更将其与宏观经济周期调整、大而不倒的外部性、行业业务结构调整等问题联系起来。而反洗钱立法,则强化了银行的合规要求。

现代银行史上的第二次革命,与世界范围的金融自由化浪潮相关。其中,美国的金融自由化是这次革命的引领者。自20世纪60年代末起,美国启动金融自由化的进程,而以1999年11月美国国会通过的《金融服务现代化法案》为标志,美国的金融自由化进入高潮。

从美国的实践来看,金融自由化主要表现为以下4个方面:一是价格自由化,取消对利率、汇率的限制,充分发挥公开市场操作、央行再贴现和法定储备率要求等货币政策工具的市场调节作用;二是业务自由化,允许各类金融机构从事交叉业务,进行公平竞争,即所谓混业经营;三是金融市场自由化,放松各类金融机构进入金融市场的限制,完善金融市场的融资工具和技术;四是资本流动自由化,放宽外国资本、外国金融机构进入本国金融市场的限制。

上述自由化内容,使美国金融业重新走上了混业发展之路。全国性、混业经营的金融控股集团(包括银行控股集团)成为很多银行的发展模式,高杠杆率的金融衍生工具成为一些银行业务发展的关键动力。尽管各国金融体制各有不同,但是在金融自由化浪潮荡涤下,重新强化自身的市场属性却是各国银行发展的共同主线,它逆转了银行被施与的行政枷锁，成为第二次银行革命的主题和主旨。与此同时，正如市场机制所具有的天生不足一样，金融自由化所带来的市场化革命，在提升金融效率的同时，也带来银行机构属性及其功能的异化。金融衍生工具的大规模发展，不仅导致美国经济虚拟化程度的显著上升，也使银行成为金融自我循环、财富再分割的工具。关于现代银行革命的主要特征见表1.1。

如果说现代银行的第一次革命是银行制度架构的革命，第二次革命是银行的市场化革命，那么现代银行的第三次革命则是由金融科技所引发的系统性革命。第四次工业革命所带来的科技进步，与银行经营管理不断加速融合，重塑着传统银行的经营和发展：

第一，银行业务模式的全面线上化和平台化。

银行业务模式的线上化来自客户与客户行为的线上化。它全面影响到传统银行业务的方方面面。

一是公司业务的交易银行化、互联网平台化。金融危机爆发的2008年，全球投资银行业务收入遭受腰斩，但同期全球交易银行收入却从3 040亿美元升至3 570亿美元，逆势大增17%。[①] 至此，交易性银行业务被当作一种稳定的、高频的业务类型为银行业所重视。在我国，交易银行业务又被看作一种抗击金融脱媒、利率市场化挑战的业务选择，而人民币国际化、全球现金管理则又进一步提高了相关业务的价值。最近几年，随着金融科技的蓬勃发展，交易银行的战略价值已经上升到前所未有的高度——依托互联网平台的交易银行业务成为公司业务转型的方向。

---

① 刘明彦，陈祎. 交易银行的国际经验与中国实践［J］. 银行家，2016（3）.

第 1 章　平台银行与第三次银行革命

表 1.1　3 次现代银行革命情况对比

	银行定义	标志事件	核心内容	动因与属性	主要影响
第一次革命	公共服务机构/市场化企业	美联储成立	商业银行成为货币创生与货币政策传导链条中的关键环节。央行的产生，将商业银行的经营纳入管制的轨道。银行的监管要求构建了现代商业银行的经营框架	金融政策、金融发展被纳入国家治理体系是关键动因。该轮革命是由社会治理体系变革引发的"银行机构化革命"	央行制度的确立，也从根本上改变了商业银行的发展轨迹，它使商业银行传统企业的经营管理脱离了企业的范畴，纳入政策性、管制性与合规性的框架
第二次革命	市场化企业	美国国会通过《金融服务现代化法案》	美国的自由化浪潮，使美国金融业重新走上了混业发展之路。全国性、混业经营的金融控股集团（包括银行控股集团）成为很多银行的发展模式，高杠杆率的金融衍生工具成为一些银行业务发展的关键动力	金融自由化浪潮是关键动因。该轮革命是由放松管制引发的"市场化革命"	在金融自由化浪潮荡漾下，重新强化银行自身的市场属性是各国银行发展的共同主线，它逆转了银行被施与行政枷锁

续表

银行定义	标志事件	核心内容	动因与属性	主要影响
第三次革命	市场化基础上的社会机构、科技公司、社会基础设施	以人工智能、大数据、云计算为代表的新一轮科技革命的兴起	银行业务模式的全面线上化。技术赋能与银行运营的线上化、数字化和智能化。银行行为逻辑的科技公司化	新时期科技革命是关键动因。由科技革命引发的重回"机构化革命"	银行服务更多隐匿于互联网平台的场景中，嵌入社会生产生活的交易环节中，银行场景与大量的非银行服务相互融合。银行的科技属性和社会属性进一步增强

二是零售业务的新零售趋势。与商品零售领域的变革相类似，对接互联网的新零售也成为零售银行的发展方向。2016年以来，在金融科技推动下，O2O模式正成为传统零售银行转型的重要方向。

三是传统普惠金融向数字普惠金融升级。传统的小微金融通过零售化、圈链互保来推进业务发展，但其秉承的仍然是通过抵押、质押和担保来防范风险的思路，仍然没有从根本上解决小微金融所面临的根本性挑战——小微企业本身经营风险大、财务不规范、缺乏有效抵质押物。而随着金融科技的发展，大数据小微金融产品成为解决上述问题的主要思路。在这种情况下，线上化的数字普惠金融逐步代替了传统的普惠金融模式。

第二，银行经营管理的全面数字化。

银行业务模式的线上化已经有一段历史了，但这种趋势的影响力尚不深刻，直到一个新的影响因素介入。这个因素就是金融科技创新对银行经营管理的影响，即所谓技术赋能的影响。

大数据、云计算、人工智能、物联网、区块链等技术的发展，赋予银行线上经营的实质能力。银行经营的本质是识别、经营以及管理风险。在银行具有掌控线上业务风险之前，所谓的线上业务模式只是获客形式或者是部分业务流程的线上化办理。但当金融科技被引入后，银行线上业务的风控能力得以初步建立，于是，银行线上经营不仅具有了"形"，也逐步具有了"实"。至此，银行业的革命正式开启了。

当前，我国很多银行已经尝试利用实时分析、大数据及人工智能技术，结合内外部数据，通过对客户、账户和渠道的综合分析，进行客户资金流监控、优化信用风险评价体系、识别潜在违规客户。一些银行已经初步构建覆盖实时反欺诈、智能反洗钱、信用风险、市场风险和操作风险等领域的风控体系。未来，随着客户行为线上化的深化以及金融科技技术的完善和发展，银行风控体系的智能化水平将进一步提升。

不过，大数据智能风控在促使银行完全线上化经营具有现实性的同时，银行现有体系与线上数字化经营的矛盾也日益突出。在这种情况下，银行经营管理全面数字化以及由此带来的变革将不断加速。具体而言，包括：

一是数据和IT体系的变革。不同于传统银行的数据体系，平台银行的数据体系具有更明显的巨量、非结构性特征，建立满足上述特征的大数据应用体系，提升银行的数据治理水平是平台银行运行的前提。而适应高并发交易、可灵活部署、低成本的IT架构则是平台银行运行的基础。

二是以产品敏捷交付为核心的智能化运营体系的发展。客户体验是平台银行竞争的焦点，以客户体验为核心，大数据产品的加速迭代，智能化的运营体系是平台银行发展的根本。

三是管理与支持体系的数字化、精细化、智能化发展。银行经营管理是一个整体，技术层、经营层的数字化必然要求管理支持层的数字化与之相适应，重点在于资产负债管理、资本管理、财务计划管理、后勤保障管理的数字化、精细化、智能化发展。

第三，银行行为逻辑的科技化。

科技巨头跨界金融给我国银行业带来全新的行业逻辑，它是科技行业特性与金融属性的融合，并将在3个方面形成对传统银行的不对称竞争，即行业战略对个体战略、高频对低频、用户银行对客户银行。这背后是3个银行行为的蜕变趋势：

一是银行的战略思维开始从个体银行思维向金融行业思维转变。在赢者通吃、快鱼吃慢鱼效应推动下，平台银行的竞争行为将产生行业影响，行业结构不再是一团和气的共同生存。资源和生存的排他性，逼迫平台世界的银行必须具有行业视野。与此同时，在平台模式下，传统的混业经营在平台生态的黏合下，一体化特征进一步强化。在此背景下，平台世界的银行，天然是着眼于整个金融行业发展的综合化巨头，即使从法律层面看并不是一个公司，但在平台的黏合下，混业经营将具有前所未有的协整效应。因此，资本运作将成为平台时代银行经营的常态科目。不仅如此，由于金融科技对于平台银行的基础性意义，平台世界的银行更可能是兼具金融以及科技双重身份的跨界巨头。

二是银行服务将从低频服务向高频服务转变。随着移动支付对现金的替代，支付成为银行业务高频化的领域。不仅如此，对公业务交易化、小微企业业务的线上化和零售化、零售业务的新零售趋势，都预示着银行业务正从传统的低频业务转变为高频业务。而这一趋势的深化，反过来又将引发银行的系统、流程乃至组织架构和文化价值的变革。

三是银行将从传统的客户关系银行向用户关系银行转变。场景代替渠道，成为银行竞争中的关键要素，场景背后的流量则是银行经营的基础。银行与客户的关系，逐步演化为银行与用户的关系，而连接银行和用户的纽带则是客户体验，背后则是数据、资金沉淀等战略性资源。正是由于客户关系到用户关系的转变，传统银行的账户价值开始消逝。银行体系将逐步从客户聚合向场景聚合转变，围绕场景所形成的经营体系，将彻底重构传统个人银行、对公银行的条线管理，并引发银行组织架构的革命。在这种情况下，以客户关系为中心的传统银行将逐步边缘化。

延伸阅读1.1

农村金融市场暗战，是对中国银行业柯达时刻到来的警示吗？[①]

一、中国银行业的柯达时刻到来了吗？

2021年2月24日，吉利汽车控股有限公司宣布与沃尔沃汽车有限公司达成最佳合并方案。双方将在保持各自现有独立公司架构的同时，推动动力总成、三电技术、自动驾驶等业务领域的合并及协作。

与大众更多关注吉利是否能再次书写10年前吉利并购沃尔沃汽车的战略传奇不同，业内人士从中更多解读到整个汽车行业所面临的机遇与焦虑。事实上，电动化、智能网联、无人驾驶、共享出行的"新四化"发展趋势正在引领全球汽车产业格局的巨变。

进入2020年，全球汽车行业最大的新闻莫过于占全球汽车总销量1%不到的特斯拉，其市值却已经相当于九大传统车企（大众、丰田、日产、现代、通用、福特、本田、菲亚特克莱斯勒、标致）的总和。事实上，今天的局面并不是一天形成的。特斯拉成立于

[①] 本文发表于看懂经济微信公众号，2019年9月9日，此处略做修改。本文所引用数据主要来源于银保监会、国家统计局、企业年报所公开数据。

2003年，第一款汽车产品则发布于2008年，距今已经有13年（无独有偶，国内的比亚迪汽车也成立于2003年）。至于"新四化"，早在2015年，它们就已经成为国内汽车厂商普遍关注的焦点。

由此可见，前瞻性的战略管理有多么重要。关于此，柯达的陨落可能是最经典的案例。

柯达是感光业的王者。从1888年第一部柯达照相机上市开始，柯达的成功神话一度延续了上百年。柯达在"胶卷时代"的市场份额一度占据全球的2/3，在130多年的漫长岁月中，积累了万余项专利技术，而全球员工雇佣数量在巅峰时期达到了14.5万人。

但到了20世纪90年代末，这家百年老字号走到了十字路口：一方面，主营的胶卷业务占据了市场半壁江山；另一方面，"影像数码化"趋势越来越明显。最终，由于要维持传统胶片领域的市场地位，柯达高层更多地把关注重点放在了防止胶卷销量受到不利影响上。战略上的迟疑，致使柯达错失数码转型的历史时机。等到其2003年下定决心转型，却为时已晚。于是，发明了世界上第一台数码相机的柯达反而被数码时代抛弃。

近些年，随着工业革命和科技革命的加速，行业领导性企业战略抉择的柯达时刻和类似柯达的例子在商业世界不断上演，远有诺基亚手机的陨落，近有国内网络订餐行业对方便面行业的冲击。

当然，柯达时刻的存在，并不意味着行业既有龙头企业在行业巨变前都无法进行有效的战略管理。蓝色巨人国际商业机器公司（IBM）就在其100多年的生命历程中经历了4次战略转型——从最初的机械制造商进化到计算机制造商、软件服务商，直至当前的云服务与人工智能公司。

也正是基于此，在科技革命加速演进的时代背景下，我们有必要时刻关注所处行业战略管理的历史阶段，去洞察、识别可以深度改变行业发展格局的"柯达时刻"。

当前，中国银行业正面临着宏观经济增速放缓、经济发展方式转变、经济发展动能切换、监管理念变迁等诸多挑战，同时也面临着金融科技加速应用的历史机遇。那么，对于中国银行业而言，当前的战略管理处于哪一个历史阶段呢？中国银行业的柯达时刻到来了吗？对此，我们通过对中国农村金融市场的考察，来回答上述问题。

二、风起云涌的中国农村金融市场

农村金融市场，对于中国银行业而言，是一个特殊的存在。长期以来，风险和成本经营环境使中国农村金融在区域、客户、业务集中于狭小的领域。

目前，中国农村银行业服务主体主要包括大型银行、农商行、农信社、村镇银行、小贷公司、资金互助社等机构。其中，大型银行在县域市场占据主导地位。截至2016年年末，大型银行涉农贷款10.39万亿元，占全部涉农贷款的37%，是县域金融的主导力量。农商行、农信社、村镇银行是县以下金融服务主体。截至2016年年末，中国有1 114家农商行、1 125家农信社以及1 443家村镇银行。三者涉农贷款合计占全部涉农贷款的30%，其中，农商行占19%，农信社占9%，村镇银行占2%。总体而言，传统农村金融市场呈现3个特征：

一是县域、政府客户、基础设施建设贷款是当前农村金融的主要领域，市场竞争激烈。大型银行基于自身全面的竞争优势，成为这一市场的主要服务者。其中,农业银行是县域金融的传统强者。

二是"县城以下、普通农户、农业生产"等领域,市场竞争尽管不激烈,但相关服务主体却面临着自身经营绩效的挑战。大型银行在相关领域涉足不多,业务集中于这一领域的主要是农信社、农商行、村镇银行。农业生产的高风险,农村金融获客的巨大成本,征信、有效抵押的缺乏,使农信社、村镇银行面临着巨大的发展挑战。

三是资金转移成为农村金融机构获取收益的重要方法和途径,存款竞争是农村金融竞争的核心。大型银行通过内部转移价格形式将农村地区资金转移到城市以及发达地区。农商行则通过同业存款、同业理财等形式,将农村资金转向城市。

近些年,随着渠道数字化发展的不断深化,大型银行还大力推进手机银行下乡,加大手机银行对县域新开卡客户、信贷客户、代发工资客户的渗透,推广聚合支付、无感支付等新型支付工具,推进对公客户端的"ERP+金融"等交易银行服务。

上述情况是传统上银行业农村金融市场基本格局,但宁静正在被打破。新主体、新模式开始被快速引入中国农村金融市场。随着建设银行重返乡村,阿里、腾讯下乡,农村金融市场传统上的战略界限开始模糊。一场并非直接短兵相接,但又影响深远的暗战已经开始。

作为非传统的农村金融舞者,建设银行缺少在农村尤其是乡村层面的经营支点,在这种情况下,建设银行摒弃了传统的通过布设网点的渠道战略思路,而是以平台银行模式实现对农村金融市场的服务下沉。具体而言,建设银行农村战略可以分为3个部分:

一是通过"裕农通"普惠金融服务点实现对乡村市场的下沉以及对传统金融服务的争夺。建行通过与农村的供销社、卫生诊所、超市、小卖铺等第三方服务主体合作，配以"裕农通"App、自助机具，建立起轻终端、线上与线下相结合的农村基础金融服务体系。

二是通过与地方政府合作，以产业振兴为切入点，通过构建农村特色产业的全产业链场景平台体系，构建服务于地方特色产业发展和一、二、三产业融合的平台生态体系，从而实现对全产业链主体（农户、农村新型经济主体、加工企业、流通企业、政府）的集约式开发、生态化服务。2020年9月10日，建行与寿光市政府共同打造的"寿光蔬菜智慧管理服务平台"上线，该平台旨在打造一个集技术支持、交易撮合、产品溯源、质量监管、金融服务于一体的蔬菜产业服务生态体系。[①]

三是通过与政府合作，构建以助力社会治理为基础的综合性公共服务平台。建行黑龙江分行与当地政府合作，通过构建农村土地托管平台方式介入农村生产社会化服务领域，与政府一起打造了兰西农业生产托管服务模式。[②] 除此之外，建行还于2021年1月，推出智慧村务综合服务平台，该平台包含村委管理、村务管理、财务公开、村务公开、基层党建、文化宣传等功能模块，同时嵌入政融支付、善融扶贫、掌上网点等多项金融服务。目前，智慧村务综合

---

① 建行潍坊分行搭建蔬菜平台 服务乡村振兴［EB/OL］.（2021 – 03 – 04）［2021 – 03 – 29］. http://www.wfnews.com.cn/content/2021-03/04/content_2515529.htm.

② 苏畅. 全国首笔农业生产托管贷款在黑龙江省绥化市兰西县落地［N］. 农村金融时报，2020 – 12 – 02.

服务平台已在 18 个省市级智慧政务平台①上部署完成。

当然，尝试以平台银行模式强化对农村金融市场的拓展，并非建行所独有。配合国家在农村推行的集体产权改革，工商银行、农业银行、建设银行都构建了各自的三资（资产、资金、资源）管理平台，以争夺农村集体经济金融服务的主导权。民生银行则推出特色农产品权益服务平台"民生农场"，以此来拓展农村产业金融服务。"民生农场"是民生银行通过"互联网＋金融"模式打通优质农产品供应链的探索实践，它通过与相关龙头企业合作，共建农产品种植基地，直连农业龙头企业与银行客户，并为有需求的中小微合作企业提供供应链金融服务。

除了银行外，科技巨头也积极拓展农村金融市场。阿里的农村金融战略存在于阿里生态的整体战略之中，可以分为两个阶段，一是 2014 年，阿里巴巴发布"千县万村"计划，推出农村淘宝项目。到 2018 年，该项目已经覆盖近 1 000 个县，拥有 3 万余村级服务点和近 6 万人的乡村服务队伍。围绕农村淘宝，阿里巴巴建设了县村两级电商服务体系，逐渐发展了菜鸟农村物流、蚂蚁农村金融、农产品新零售为主要支撑的业务矩阵。二是 2019 年年末，阿里成立数字乡村与区域经济发展事业部，推动数字乡村项目在农村的落地。阿里"数字农村"通过助力政府的科学决策、数字兴业以及数字治理，为阿里的生态体系搭建了更为强大的入口。

腾讯对农村市场的拓展，秉承了其在网络社交领域的禀赋优

---

① 陆宇航. 打通"最后一公里"，建行智慧村务平台落地安康［EB/OL］.（2021－01－08）［2021－03－29］. https：//www.cebnet.com.cn/20210128/102724053.html.

势。"腾讯为村"是"互联网+乡村"的智慧乡村平台，具有"党务、村务、商务、服务、事务"五大功能板块，它为腾讯生态深入农村提供了关键入口。

三、农村金融市场正成为中国银行业下一个风口

各类机构涌入农村金融市场不是偶然的，其背后是农村金融市场环境与前景的重大变化。截至2020年4月末，农村地区（县级及以下）贷款为30.48万亿元，农户贷款余额为10.83万亿元。其中，农业贷款余额为4.18万亿元。涉农贷款在全国全部贷款的比例大约在1/5上下。不过，与现实的信贷规模相比，农村金融市场需求环境的改善更值得关注：

一是收入和消费水平大幅度提高。2018年农村居民人均可支配收入为14 617元，年均实际增长5.5%。2018年农村居民人均消费支出为12 124元，年均实际增长5.2%。移动电话、计算机、汽车进入寻常百姓家。2018年农村居民平均每百户拥有移动电话257部、计算机26.9台、汽车22.3辆。

二是新型经营主体大量涌现。农民合作社、家庭农场、龙头企业等数量快速增加。2018年农业产业化龙头企业达8.7万家，在工商部门登记注册的农民合作社为217万个，家庭农场为60万个。

三是农业生产组织方式发生深刻变革。2018年全国家庭承包耕地流转面积超过5.3亿亩。农村土地流转助推农业规模化发展。2016年第三次全国农业普查结果显示，耕地规模化耕种面积占全部实际耕地耕种面积的比重为28.6%。规模化生猪养殖存栏占比为62.9%，规模化家禽养殖存栏占比达73.9%。

四是农村基础设施建设取得长足进步。农业普查结果显示，全

国有25.1%的村有电子商务配送站点。2018年农产品网络销售额达3 000亿元。农村地区网民线下消费使用移动支付的比例已由2016年年底的31.7%提升至2017年年底的47.1%。

五是信用环境的改善。截至2017年年底,央行征信中心收录自然人信息9.5亿人,有贷款记录的约4.8亿人。2018年1月,中国互金协会携8家个人征信机构申请百行征信有限公司(即信联)。2016年,财政部联合几部委成立国家农业信贷担保联盟有限责任公司,该公司通过设立省级农担公司以及市县等地的分公司和办事处,打造了一个多层次、广覆盖、财政支持的全国农业信贷担保体系。

从发展潜力上看,国家乡村振兴战略在不断推向深入。2020年9月,中共中央办公厅、国务院办公厅印发的《关于调整完善土地出让收入使用范围优先支持乡村振兴的意见》,要求到"十四五"期末,地方土地出让收益用于农业农村比例达到50%以上。之后的十九届五中全会则进一步提出"优先发展农业农村,全面推进乡村振兴"。而2021年国家乡村振兴局的成立,则标志着乡村振兴战略实施进入组织推动的新阶段。从农村经济社会发展的三大关键主线——农村产业化、农村城镇化以及数字化来看,乡村振兴战略以及相关政策可以为农村金融机构提供诸多业务机遇。

从产业化角度看,农业的现代化,农村一、二、三产业融合,休闲农业、乡村旅游、民宿经济等特色产业的发展,是中国农村金融需求的主要领域。

从城镇化看,"十四五"规划提出"以城市群、都市圈为依托促进大中小城市和小城镇协调联动、特色化发展。统筹县域城镇和村庄规划建设"。在此背景下，县域基础设施建设，郊区乡村和规模较大中心镇市政基础设施建设，乡村水、电、路、气、邮政通信、广播电视、物流等基础设施建设，农村教育、医疗、养老服务供给，是城镇化带来的主要的金融需求。

从数字化看，从《数字乡村发展战略纲要》的内容看，数字化主要通过乡村信息基础设施建设、数字化与产业化和城镇化的融合、数字化与乡村治理现代化的对接、数字化与农村公共服务供给的对接等方面，为农村金融提供业务机遇。

四、没有清晰农村金融战略的大型银行，还是一个好银行吗？

乡村振兴战略的实施，是中国经济社会发展到一定历史时期的必然选择。在中国的城乡发展中，长期贯彻的是以农补工的政策。农村向城市输血的发展模式，造成了中国城乡的二元结构。近些年，城乡融合发展不断提速，但城乡之间发展的不均衡不充分矛盾仍未根本解决。另一方面，中国工业化几近完成，逐步步入后工业化时代，而城市化则进入高速发展的后半期，在这种情况下，城市所积累的资本、人力的边际效率和收益不断降低，它们需要通过融入农村的产业化和城镇化来维系既有的效率和收益。就国家经济发展模式而言，乡村振兴战略就是要在补齐农村经济社会短板的同时，为国家从传统要素投入型经济向创新驱动型经济转型提供时间和空间上的缓冲，继续维系中国经济社会的高速发展。

不过需要看到的是，尽管乡村振兴战略可以为中国农村金融机构带来业务发展机遇，但受困于传统业务模式的风控成本和运营成本局限，传统上，农村金融机构只能局限于较为狭窄的业务领域。

但是，新兴主体的进入改变了这一切。这些机构将金融科技应用与中国农村的数字化进程相结合,以平台银行的模式,实现对农村金融市场关键领域——产业化、社会治理的拓展。平台模式对客户的集聚、大数据技术对传统风控的创新,突破了传统农村金融的瓶颈。不仅如此,尽管当前中国农村金融市场的竞争还停留在各自探索的暗战阶段,但由于银证合作以及公共服务、产业发展等相关平台发展的排他性,农村金融市场的暗战却指向对整个农村金融市场的争夺。

那么,在这种情况下,就会产生一个问题——不去争夺农村金融市场,或者是没有清晰的农村金融战略,这样的银行,尤其是大型银行,还是一个好银行吗?当前,中国银行业,尤其是城市金融领域,正展现出三大转型趋势:零售银行转型,从外延型发展方式到内涵型发展方式的转换,数字化转型。那么,专注于这三大历史任务,大型银行就可以保持既有的行业地位吗?

回答这个问题,关键是要明确农村金融市场对于未来中国银行业的真正意义是什么。

首先,相对于竞争高度激烈的城市金融市场,未来农村金融市场是中国银行业缓解由于资本约束、宏观经济增速放缓、经济发展动能切换、经济发展方式转变压力的关键性增量市场。

其次,脱媒程度较低的农村金融市场是未来一个时期银行低成本资金最主要的来源。而农村人口城市化也是城市零售银行发展的客户来源。上述内容,都关系到传统银行战略经营资源的获取以及业务增长。离开了上述资源,传统银行,尤其是当前在战略资源占有上有优势的大型银行,将丧失自身在行业生态中的既有地位。

最后,平台银行模式创新之所以在农村金融市场方兴未艾,是因为农村金融市场所面临的固有挑战为银行业务模式和风控模式创新提供了动力。但在城市金融的数字化变革中，由于缺乏农村金融一样的挑战，传统银行数字化更多停留在渠道数字化的历史阶段。从这个意义上讲，农村金融市场是中国银行业实现深度变革，对接未来银行的一个窗口。

不难看出，没有农村金融市场的增量发展，没有农村金融市场的战略资源获取，没有农村金融市场竞争对银行业务模式和风控模式创新的推动，传统城市银行所推动的三大转型，就失去了发展的动能，失去了资源的支撑，失去了变革的深度。

由此可见，农村金融市场正成为决定未来银行，尤其是大型银行生态角色和地位的关键市场。但客观地说，目前大部分传统银行对于农村金融的认识，还停留在旧有的印象中。一些银行对农村金融市场的探索，也仍然停留在传统银行的逻辑和框架中。对于这些银行而言，农村金融市场仍然是典型的红海市场。也正因为如此，开拓农村金融市场仍然没有完全跃入这些银行的战略视野。但殊不知，随着由平台银行创新所开启的农村金融市场暗战的深化，中国银行业战略管理的柯达时刻已经悄然而至……

第二部分　现状篇

第 2 章　我国银行的平台银行实践

银行，将主战场锁定于手机"App"。

在招行的规划中，该行拟将手机 App 打造成全行统一的网络服务平台，并最终实现通过平台进行数据分析与决策，在平台上构建垂直化产品体系与生态化服务体系。在具体的实施策略上，秉承开放式平台理念，招商银行 App 7.0 版本支持非招行卡用户注册手机号、绑定多家银行卡，这打破了既有的封闭式账户体系，将招行手机 App 推向开放式用户生态建设。

与 App 平台化相适应的是招商银行的组织架构改革。通过对零售组织架构的调整，招行将网络银行从一个业务线升级为整个零售条线的共享平台，并建立线上经营中心和线上经营团队。

O2O 业务模式创新与银行物理渠道的平台化

随着电子渠道逐步成为银行服务的主渠道，物理渠道何去何从成为传统银行面临的重大问题。发挥物理渠道贴近客户的优势，推动物理渠道转型，成为银行业的共识。其中，通过 O2O 模式创新，借助互联网，推动物理网点融入社区生态，成为一些银行的选择。

2019 年 7 月，中国建设银行深圳分行依托微信小程序推出"建行到家"业务服务。客户在线上下单，银行在后台对业务订单进行处理，并通过快递方式将处理结果送到客户手中。这种银行服务的 O2O 模式，将线上银行服务与现实的人工服务有机结合起来，彻底颠覆了传统银行网点的"坐商"模式。它将银行的后台推向前台，不仅改变了银行的形态，也改变了银行的运营体系。

无独有偶，建行的"裕农通"也是将线上服务与线下服务相融合的范例。不过,"裕农通"的创新更进了一步,它将实体网点换成了第三方业主。第三方业主与建行的线上裕农通平台相结合,成为建行拓展农村基础金融服务市场的利器。"裕农通"解决了建行无法在农村大量布设传统网点,同时农村客户无法适应完全线上化银行服务的问题,实现了城市金融主体对农村金融市场的渗透。

支付工具的平台化

传统上,支付是银行的基础性业务,主要体现为网络支付和银行卡收单。支付成为传统银行获取客户、沉淀资金的重要业务和工具。不过随着移动支付的发展,银行在小额线下支付领域处于绝对劣势。微信支付和支付宝不仅对银行卡支付形成替代关系,也推动着无现金社会的发展。

不过,移动支付更为重要的战略意义在于其平台价值。行业竞争已经证明,移动支付是串联场景最优异的高频工具。当前,移动支付已经成为腾讯和阿里巴巴两大体系的基础性平台。也正因为如此,处于劣势的传统银行,也没有放弃对支付,尤其是移动支付市场的拓展。同样,当前银行拓展支付业务的战略重心也是着眼于支付的平台功能,比较有代表性的包括建行在2016年推出的"龙支付"。

"龙支付"是建行的开放性数字支付平台,它整合了建行钱包、建行二维码、龙卡云闪付、"龙支付"取款(随心取)、好友付款、AA收款、龙商户、红包、向朋友付款等功能。当前,"龙支付"已经加大了市场拓展力度,"刷脸"支付已经在北京的物美超市上线,并计划在浙江、宁夏、重庆、天津、湖北等省市陆续开通。

银行业务和产品嵌入非金融场景

金融自场景与银行经营要素的平台化趋势,很大程度上发生在银行的零售领域。在这一细分市场,面对互联网巨头的进攻,传统银行在声势上某种程度存在一定劣势。相对于个人金融市场,传统银行在批发业务领域,借由长期信贷经验的积淀,还存在一定的竞争优势。不过,这一领域的获客争夺同样激烈。对此,银行通过前置流量入口策略来应对——将自身的业务和产品嵌入非金融场景中,以期获得竞争优势。客观上,上述模式既涵盖零售业务获客,也包括批发业务获客,但从业务发展来看,传统银行上述努力,更多集中于批发业务领域。具体而言,包括3种模式。

自建场景平台

自建场景平台源于传统银行跨界电商的实践。2007年,阿里巴巴与建行、工行合作先后分别推出"e贷通"及"易融通"贷款产品,主要服务于中小电商企业。在这一合作体系中,阿里巴巴相当于银行的销售渠道及信息提供商,它帮助银行评估信用风险,同时也帮助电商企业融资,推动电商生态的整体发展。但是上述合作的时间并不长。

不过这些合作以及之后的"分手"却深刻影响着中国银行业蜕变的进程。一方面,它加快了阿里巴巴向金融业务(小贷业务)跨界拓展的步伐;另一方面,它也催生了传统银行跨界电商的一波浪潮。

阿里巴巴于2010年及2011年先后成立了浙江阿里巴巴小贷公司

及重庆阿里巴巴小贷公司。而建行则是在2012年成立了行业内第一个银行系电商——"善融"商务。紧随其后,交行"交博汇"、农行"e商管家"、中行"中银易商"、工行"融e购"陆续上线。

但是与专业的电商企业相比,缺乏互联网基因的银行,在发展电商业务方面,还存在不可避免的短板。通过自建电商场景平台来实现引流,进而做大电商金融的战略构想,对于大多数银行而言,其实现的结果并不理想。自建电商已经成为一些银行战略体系的"鸡肋"。

融入第三方场景的开放银行平台业务模式

近几年,开放银行成为国内银行理论和实践的探索热点。相对于自建电商场景,开放银行模式通过合作建立起银行的获客、活客体系,同时也使银行规避了自身在场景运营方面的不足。在这方面,传统银行的供应链融资是比较成熟的探索。

当前,供应链融资已经成为各家银行发力的风口。从业务模式上,行业整体上正从传统线下模式向"线上+线下"相结合的模式过渡,平台化趋势日趋明显。从年报数据上看,截至2018年年末,建行已累计向3.3万家企业发放了5 385亿元的线上供应链融资,线上供应链合作平台达1 184家。平安银行的SAS平台累计交易量已突破100亿元,为111家核心企业及其上游中小微企业提供服务。浙商银行落地"应收款链"平台1 410个,同比增长近12倍,累计签发金额1 228.78亿元,同比增长近4倍。

不仅是单一场景的供应链开始对接互联网平台,多场景的产业链运行也不断被搬上互联网平台。产业链平台围绕着整个产业的发展来构建，于是，更多的场景和主体被纳入产业的运行体系中，比如政府通过补贴和监管被纳入平台体系中。相对于供应链体系，产业链体系可以对接金融机构更加多元化的金融服务，使平台金融的业务内涵不再仅限于交易银行范畴的供应链融资。

场景平台供给与平台业务模式搭建

自建场景、平台，对于银行而言，跨界幅度较大，对银行的自营能力提出了要求；而银行嵌入第三方场景，尽管对银行运营平台的能力要求不高，但银行所需要的客户、数据、账户等战略资源掌控在第三方平台手中，银行在合作与经营中较为被动。

在这种情况下，一些银行改变了自建场景平台以及单纯嵌入第三方场景平台的做法，而是采取一种折中的方式，即以政府以及公共服务部门为对象，通过向其提供信息技术平台建设服务，来深度介入平台的建设和运营，从而获取业务经营的基础，在助力社会治理的过程中获得银行业务发展的主动权。

比较典型的案例就是建行为云南省政府推出的"一部手机办事通"智慧政务项目，以及农行当前正大力推行的农村"三资"管理平台。当前，农村集体产权制度改革正在中国广大农村如火如荼地展开，清产核资、确认集体成员身份、股份合作制改革、农村集体经济组织登记赋码、发展壮大集体经济是其主要内容。这其中，农村集体资产监督管理平台的建设至关重要。而农行开发的"三资"管理平台实际上就是上述平台的具体实现形式。

农行的"三资"管理平台推广采取总行通用平台、与地方政府共建平台、接入地方政府已有平台3种方式。按照计划，农行拟将农村"三资"管理平台推广至 400 个县,力争覆盖 2 万个行政村。"三资"管理平台的建设和推广,不仅有利于强化农行与农村各级政府的"银政"关系,也为农行后续的基于平台的产品创新以及业务经营奠定了基础。

跨界竞争与全新银行体系的产生

2014 年 12 月,微众银行经监管批准开业,由此开启了中国民营互联网银行的发展历程。作为其中的代表,微众银行和网商银行经过几年的探索,都已经走上了经营发展的快车道。

截至 2019 年年末,微众银行资产总额为 2 912.36 亿元,其中,各项贷款余额 1 629.66 亿元,各项存款余额 2 362.88 亿元。2019 年实现营业收入 148.70 亿元,同比增长 48.26%;实现净利润 39.50 亿元,较 2018 年增长 59.66%。截至 2019 年年末,网商银行总资产达 1 395.5 亿元,营业收入 66.28 亿元,净利润 12.56 亿元,同比增长 90.8%。关于民营互联网银行的基本发展态势,见图 2.1。

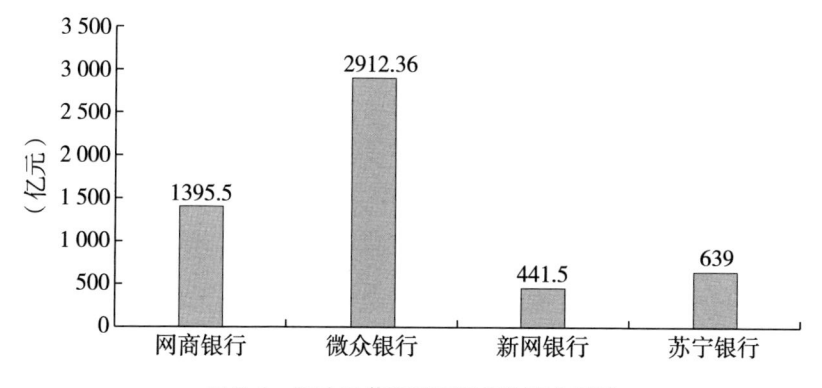

图 2.1 国内民营互联网银行的资产规模

总体来看，两家银行尚无法对中国银行业的竞争格局产生实质性的影响。但即便如此，网商银行和微众银行还是被给予极大的关注，这种关注不仅来自它们所代表的线上银行形态，更缘于它们背后强大的资本背景，缘于它们所代表的中国科技巨头的跨界竞争格局。

众所周知，网商银行来自蚂蚁集团。作为科技巨头跨界金融的典型案例，起步于支付宝的蚂蚁集团经历了从支付业务到综合金融集团的发展历程，目前，蚂蚁集团已经成长为全球估值最高的独角兽企业。也正是因为如此，北大的黄益平教授将支付宝成长为蚂蚁集团的历程称作"一部活的金融史"[1]。与此同时，另一家巨头企业，微众银行背后的腾讯金融，则是在低调中前行。

事实上，科技巨头跨界金融并非中国独有的现象。2019 年 6 月，美国互联网科技巨头脸书宣布启动其数字加密货币 Libra 项目。而另一巨头亚马逊，在金融领域的动向同样为业界所瞩目。

从趋势上看，拥有流量（客户）、数据以及科技优势的科技公司跨界金融，已经成为一种必然的潮流，而这种趋势也将重塑包括银行业在内的世界金融业。同时，它也为我们提供了审视和理解新型银行体系的方法论，即要从科技巨头跨界金融的整体布局中审视银行体系的创新，而不是单纯从单一主体，例如微众银行抑或网商银行，来理解新型的银行体系。

从微众银行、网商银行的实践，尤其是从科技巨头跨界金融的

---

[1] 廉薇，边慧，苏向辉，等. 蚂蚁金服：从支付宝到新金融生态圈［M］. 北京：中国人民大学出版社，2017.

整体实践来看，科技巨头跨界竞争所带来的是一个以平台为核心的全新银行体系。该体系包括场景，生态，客户、业务与产品，科技与架构，要素、体制与文化5个方面的构成要素。

场景

一是金融自场景的发展。金融自场景主要体现为支付对场景的串联，从而为综合金融业务带来流量基础。这在阿里巴巴和腾讯的"链接一切"的支付场景布局可以窥见端倪。其中，衣食住行是互联网巨头布局的重点。例如，蚂蚁集团投资"食"领域的口碑网、雅座在线、饿了么、二维火，"行"领域的滴滴出行，娱乐方面的互联网售票平台淘票票。与此同时，蚂蚁集团还积极拓展农村市场和国际市场场景。与蚂蚁集团相似，作为以网络社交起家的互联网巨头，腾讯也没有放慢在移动支付领域攻城略地的步伐。通过和滴滴出行、大众点评、京东合作，腾讯为微信支付添加了出行、饮食、购物等场景。

二是非金融场景对金融客户和业务的引流。在阿里巴巴体系下，网商银行的很大一部分客户和业务来自阿里的电商体系——天猫、淘宝。而微众银行的非支付客户场景，主要是一些重点线下消费场景，如汽车消费市场、装修市场。微众银行与多家O2O生活服务平台合作，将银行金融产品嵌入服务场景中，目前，其合作的互联网平台包括二手车电商平台"优信二手车"、家装平台"土巴兔"、生活消费平台"大众点评+美团"以及物流平台"汇通天下"等。

生态

一是布局金融基础设施。蚂蚁集团入股中国最大的金融IT解决方案提供商恒生电子。除此之外，蚂蚁集团还以市场化的方式切入社会征信体系建设。2015年，管理机构向芝麻信用、腾讯征信等具有平台和技术优势的民间机构打开业务试点的闸门。目前，芝麻信用已经推出针对个人的芝麻分体系。芝麻分场景拓展的过程，就是打破信用信息孤岛，不断把普通民众纳入信用体系的过程。

二是构建综合金融服务体系。互联网巨头跨界金融，在取得各自领域的成功后（例如，蚂蚁集团和腾讯在支付领域获得成功，京东消费金融产品京东白条的成功），最终都将金融全产业链布局作为自身内生发展和对外投资的战略方向。支付、互联网理财、小微企业贷款、个人贷款是蚂蚁集团主要的自营业务。除此之外，蚂蚁集团还通过在大金融行业广泛地投资构筑起金融控股集团的雏形。2013年9月，"三马共槽"联合成立众安保险公司。2013年10月，蚂蚁集团前身小微金服以11.8亿元持股天弘基金51%，成为天弘基金最大的控股股东。2015年8月，蚂蚁集团领投校园消费贷款公司趣分期（由于一系列校园贷公共事件的爆发，政策收紧，趣分期将目光投向校园外的消费金融市场，并更名为趣店集团）。另外，蚂蚁集团还分别投资了互联网金融资产交易平台网金社、开放式基金在线销售平台数米基金网、台资财产保险公司国泰产险、股权类互联网金融平台36氪、以不良资产为主的权益类资产交易平台天津金融资产交易所、社交组合证券投资平台金贝塔，其中数米基金网与国泰产险都是由蚂蚁集团控股。

三是与传统金融机构建立起广泛的业务合作关系。微众银行不仅是腾讯个人客户群与银行等金融机构的连接者,也是金融机构之间的连接者。微粒贷的联合贷款模式就是"连接"战略的最佳体现。联合贷款模式(出资比2∶8,利息分成3∶7)有效放大了微众银行的净息差和成长性。①

客户、业务与产品

一是普惠金融的客户体系。截至2019年年末,微众银行的个人有效客户突破2亿人,其中,"大专及以下学历""从事非白领服务业""单笔借款成本支出低于100元"的客户占比均超70%,近20%客户为首次获得银行授信。该行为民营企业中的23万户普惠型小微企业提供了信贷服务,61%为首次获得银行授信。

二是以线上为主的贷款业务体系。微众银行的贷款业务主要是线上贷款,主要包含两大类:一类是纯线上贷款业务,即所有贷款相关流程都在线上完成,主要是微粒贷和微业贷;另一类则是基于O2O平台进行的消费类贷款,如微车贷,这类业务存在一部分由合作伙伴负责的必须线下与客户接触的流程,如办理车辆抵押等,但授信核心流程如贷款申请、风险评估、授信放款等仍然在线上完成。

三是由大数据支撑的产品体系。传统银行的信用评级主要采用申请表的方式获取客户信息,包括基本情况数据、交易数据、违法犯罪记录数据、人行征信数据等。而"微粒贷"则利用社交网络大数据并结合其他征信信息来建立信用评分体系。腾讯大数据系统汇

---

① 天风证券. 详解微众银行,见证金融科技的力量 [R]. 2018-09-08.

集了几十万亿条数据信息，微粒贷可以从其中采集、处理出生活轨迹、虚拟消费、关系链、支付理财、游戏行为、媒体行为、人口学特征、兴趣爱好等方面的数据。在此基础上，微众银行运用传统的决策树、逻辑回归，以及新兴的神经网络、机器学习等技术进行大数据建模，构建微粒贷的信用评分体系。

科技与架构

科技是科技巨头跨界金融的突出优势。阿里巴巴、腾讯等科技巨头跨界金融领域后，都大力推动金融科技应用。微众银行在人工智能、区块链、云计算、大数据4个科技领域重点发力。除此之外，微众银行、网商银行还建立起基于云计算的IT架构体系。传统银行的IT架构是由国际商业机器公司（IBM）的服务器、甲骨文公司（Oracle）的数据库、易安信（EMC）的存储设备组成的，其有4个弊端:[1]

一是软件和硬件被上述公司垄断，价格非常昂贵。在大数据环境下，系统和数据存量及增量都极其庞大，采购付出成本高。二是在IOE[2]结构下，数据存储和处理都是基于结构化的关系型数据库，无法有效处理大数据环境下的非结构化数据。三是IOE的硬件平台兼容性差。四是扩展性有限。IOE系统数据处理均属于TB（太字节）级，而支持PB（拍字节）级分析交易能力有限。

---

[1] 天风证券. 详解微众银行，见证金融科技的力量［R］. 2018-09-08.
[2] 所谓"IOE"是指IBM的高端服务器、Oracle（甲骨文）的数据库以及EMC（易安信）的高端存储。

由于 IOE 的种种局限，微众银行自成立之初就采取开源技术，建成了自主可控的分布式架构银行核心系统。分布式架构大幅度降低了微众银行的科技成本。目前，微众银行单账户 IT 运维成本低至同业的 10% 水平。同时，高可用、高弹性、高扩展的特点也使得微众银行核心系统能够支持海量的客户规模以及高并发的交易量。

与微众银行一样，网商银行也把系统建在"云"上。基于云计算，网商银行建立起以客户为中心的交互式 IT 架构，大幅度提高了客户体验度，避免了传统银行以产品为中心的交易式信息技术的弊端。

要素、体制与文化

微众银行 2019 年科技人员占比近六成，研发费用占营业收入比重近 10%，2019 年公开的发明专利申请量 632 件。而网商银行 2019 年年末员工总数为 841 人，其中科技人员 439 人，占全行员工总数的 52.2%。与之相对照，传统银行的科技人员占比总体上在 10% 以下，科技投入在营收中的占比，则在 4% 以下。

与人员构成和投入相适应的是微众银行、网商银行所具有的天然的科技企业基因。它突出体现在体制和文化对创新的敏捷支撑上。微众银行的新产品通常由敏捷团队进行快速开发，该团队由产品经理、技术经理、风险经理组成，共同保证开发效率和业务解决方案的交付速度。灵活、高可用的系统架构与敏捷的组织管理相辅相成，共同成就了微众银行敏捷的产品能力，其产品平均投放时间仅需数周，最快可在 11 天内完成产品从立项到投放市场的全过程。

我国平台银行实践探索的误区与挑战

在前文中,我们介绍了我国银行业对平台银行的实践和探索,但事实上中国银行业,目前只是走在这场变革的门口。具体而言,中国银行业正走在从渠道银行向平台银行过渡的历史阶段。在这一阶段,银行的平台化更多体现为业务模式的平台化。银行通过互联网场景来获客、活客,依托一定的线上风控能力,向线上客户提供与场景相适应的产品。显然,这些内容并不是平台银行构建的全部内容。相对而言,互联网巨头跨界金融所构建的银行体系,更具有平台银行的特征。但在目前,上述银行的业务内容还比较狭窄,作为一种完整的银行形态,与平台银行的内涵尚有一定距离。总体而言,由于我国银行的平台银行实践尚处于初步阶段,因此还存在诸多误区与挑战。

关于平台银行内涵的认识误区

当前,"平台"这一语汇在银行人的口中已经不鲜提起,但对平台的认识却是千差万别。总结起来,可以包括几种理解:

第一,把一般性的 IT 系统理解为平台。例如,某银行分行针对当地药材产业开发的一个 IT 系统,其功能主要是协助当地各级政府进行药材产量、销量、售价的报送和统计。尽管该分行给其冠以"某某药材产业平台"之名,但是这个 IT 系统与平台银行中的"平台"却毫无关系。首先,它并没有清晰的用户定位和功能设定,尽管这个系统可以服务于政府,但显然政府并不是这里的银行本意中的用户(即药材种植户、合作社)。其次,在这个系统中,用户与系统间并没有交互关系，系统本身也不生产数据。因此，它仅仅是一个 IT 系统，却不是商业模式意义上的"平台"。

第二，将银行渠道当作平台。现实中，一些银行针对某种场景，将相关金融服务集成在一个系统里。虽然这里有场景、有生态，似乎是一个平台，但实际上，由于银行客户并没有与相关"平台"产生交互关系，平台也不生产数据，银行的产品创新与运营依赖的仍然是抵质押等传统的风控手段，而非平台所内生的数据。因此，上述平台本质上还是线上渠道的含义，也并不是商业模式含义下的平台银行创新。

第三，将中后台系统称作平台。在当前银行数字化进程中，很多银行推进大数据平台、人工智能平台、风控平台建设。这些平台是银行数字化的基础和关键领域，也是平台银行构建和发展中不可或缺的内容。但就平台银行本身而言，这些中后台系统，只是一个内部人员应用的 IT 系统，它不针对客户，不存在针对客户的商业模式设计。这些系统本身也不生产基于客户的数据。因此，这些所谓的平台，也不是平台银行意义上的"平台"。

不难看出，上述内容之所以被当作平台或平台银行，是因为它们包含了平台银行的某种要素。不过，需要强调的是，具有某些平台特征的银行并不是平台银行，其原因在于平台银行是一个完整的概念，场景平台化、运营数字化以及行为逻辑的科技化是平台银行不可或缺的 3 个要素。其中，场景平台化是前提，它从市场端引领了银行的变革；运营数字化则是平台银行的能力基础，它为平台银行的运行提供技术性体系；银行行为逻辑的科技化则是银行平台革命的关键，它从商业模式、银行运营之外的因素，包括公司治理、企业战略、组织文化、体制机制等方面来决定平台的运行。关于平台银行的3个内涵要素，见图2.2。

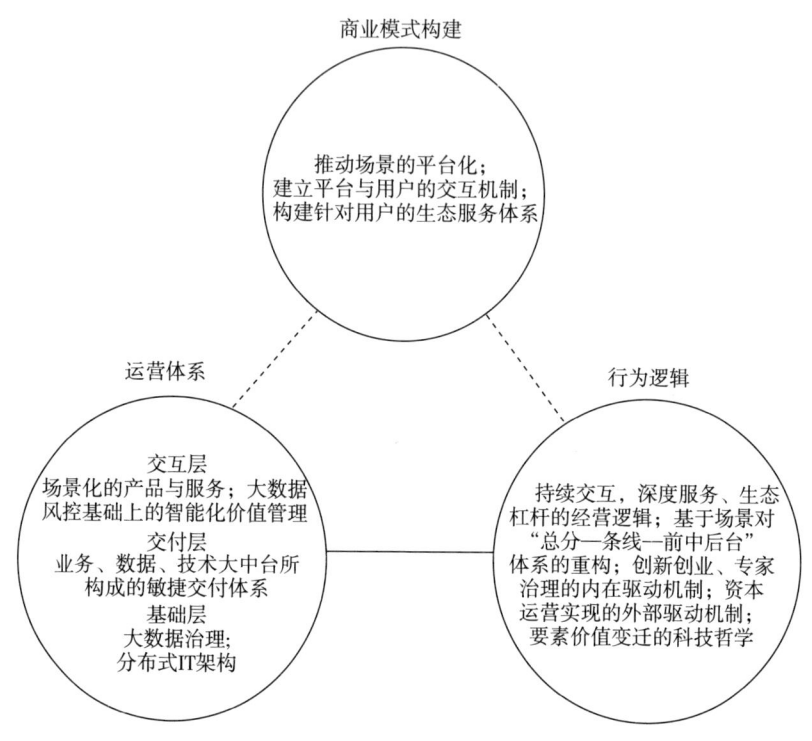

商业模式构建
- 推动场景的平台化；
- 建立平台与用户的交互机制；
- 构建针对用户的生态服务体系

运营体系
- 交互层
  场景化的产品与服务；大数据风控基础上的智能化价值管理
- 交付层
  业务、数据、技术大中台所构成的敏捷交付体系
- 基础层
  大数据治理；
  分布式IT架构

行为逻辑
- 持续交互、深度服务、生态杠杆的经营逻辑；基于场景对"总分—条线—前中后台"体系的重构；创新创业、专家治理的内在驱动机制；资本运营实现的外部驱动机制；要素价值变迁的科技哲学

图2.2 平台银行的3个关键内涵

平台银行的未来性与当前传统银行面临的战略风险

在实践中，我国银行对平台银行的探索也存在一些偏差。主要表现为"重开发，轻运营；重管理，轻服务；重金融，轻场景；重技术运维，轻商业运营"等问题。

一是银行在业务平台化的过程中，平台开发上线，往往就成为平台工作的终点，但问题在于平台的发展其实才真正开始，更为重要的是，初次上线的平台只是搭建了一个框架，其内容和体验都有赖于不断的迭代。二是银行在日常运营中，基于风险管控的需要，对于平台，银行更重视管理，但对业务前端以及客户的服务往往被置于管控之后。由此造成审批链条冗长，反应滞后，客户体验不佳。三是在平台的运营上，银行更善于对金融的运营，但对于跨界平台，银行缺乏相应的流量思维和相关的体制机制支持。四是在具体的运营实践中，由于 IT 开发团队的专属配置，银行在平台运营中，技术性的运行、维护稍强，但对于关乎商业模式的产品、服务创新则显得严重不足。

以上种种问题似乎可以归结为银行对平台运营缺乏足够的重视，但其实不然，之所以会出现上述种种问题，其根源在于尽管银行根据互联网的发展，搭建了基于线上化场景的平台模式，或者说是获客体系，但由于银行经营管理尚未实现与互联网的深度对接，所以上述获客体系缺乏与之相适应的经营管理体系与其对接。从系统论的视角看，上述经营管理体系的日常运作，就体现为平台的运营，① 所以当前的平台银行实践，就突出地表现为有平台的商业框架，却缺乏与之相适应的运营。

从这个意义看，平台银行其实还是一个即将到来的"未来银

---

① 关于"运营"的理解："运营"在银行的经营管理中，有不同的含义。从狭义看，传统上的运营主要是指网点运行中银行对现钞、金库等实物的服务和供给。从广义看，运营主要是指围绕客户经营，银行在渠道、产品、服务等方面所进行的运作。显然，后者涵盖了银行大部分工作，但不包括战略以及职能化管理（如财会、人力、后勤）等内容，只包括与市场紧密相连的部分内容。本书中的运营，是指广义的概念。同时，在保持概念基本含义的情况下，又将其引入互联网化的情境下。

行"形态。不过这就带来一个问题，面对未来银行的实现形态的平台银行，传统银行需要秉持何种战略态度？我们还可以继续作壁上观，以待战略时机的到来吗？

事实上，将平台银行的未来性与主流性结合，是我们全面认识平台银行战略价值的关键。对于平台银行，一方面，我们要充分认识到平台银行构建的必要性，另一方面，我们又要明确平台银行在当前还不能完全替代传统银行，项目融资在相当长时间内还将赋予传统银行以生命力。但是传统业务的存在并不能否定平台银行构建的战略价值，这不仅在于平台银行可以为传统银行打造未来发展的先机，同时也在于平台银行通过获客、活客以及运营优势，可以为传统银行的项目融资业务提供低成本资金来源，从而在现实的传统业务竞争中占据优势。因此，面对平台银行构建的战略犹疑与战略迟滞，可能是传统银行尤其是大型银行在行业竞争中所面临的最大的战略风险。

传统银行迈向平台银行的路径选择

未来银行是嵌入平台化场景中的银行，这样的前景尽管很清晰，但它却为传统银行迈向平台银行带来困扰。其原因在于，大型的场景平台在掌控平台生态的同时，也更愿意跨界金融领域，通过自营金融服务来获得更大的平台收益。在这种情况下，传统银行要获得场景平台的合作并不容易。这就产生一个问题，面对平台银行发展趋势，银行如何获得场景与平台？

需要说明的是，传统银行的文化特点和体制特征，决定了银行跨界直接做平台存在诸多局限。于是，面对这样的问题，银行就需要慎之又慎，对直接介入平台搭建环节进行科学的评估。具体而言，传统银行要根据自身的战略意图以及自身的禀赋特点，以及目标场景平台化的特点来综合考量。在第一章中，我们认为，当银行支付的总支出（B+T+F）大于等于平台构建支出（I）时，银行就有动力去自己搭建平台。该公式可以为我们提供一个宏观的分析框架，例如，银行通过与政府合作来搭建公共服务场景，由于这类场景需要存在一定的刚性，平台也存在垄断性，建立用户与平台的交互相对容易些，在这种情况下，平台搭建的费用支出（或者说是能力要求）相对较低，银行就可以选择直接搭建平台。根据以上框架，我们将银行场景分为金融自场景、公共服务场景以及商业性第三方场景，以此来说明不同禀赋的银行构建平台银行的策略选择，具体如图2.3所示。

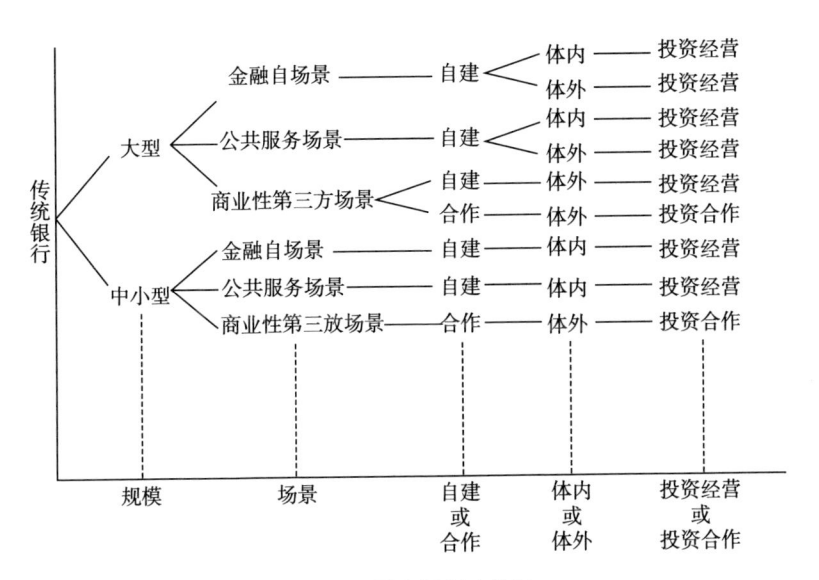

图 2.3 平台银行决策树

就大型银行而言，有如下几种方案可供选择：

一是金融自场景平台发展问题。由于金融是银行的本业，这种情况多采取自行搭建方式。但具体的模式选择上，既可以选择体内运行方式，也可以选择体外独立子公司的方式。但对于体内方式而言，银行必须从渠道思维转向平台模式，建立以用户理念为支撑的交互体系，构建以个人资产管理为特色的包括金融、非金融服务的自场景平台。就当前的银行组织体系而言，这需要推动银行个人渠道的整合，并由此建立起平台化的商业模式、运营体系以及内部的体制机制。当选择独立子公司模式时，原有银行体系不变，而是引入社会资本，将自场景子公司推向科技独角兽之路。考虑到银行改革的诸多阻力以及外部机制的重要性，体外模式对于平台银行构建似乎更适宜，但如何建立起子公司与母公司的联系，充分利用母公司的资源和能力，这是关键。

二是公共服务场景平台发展问题。鉴于传统银行与政府的关系以及平台引流的"强制性"，银行一般采用替政府建设平台的模式。在具体运营上，传统银行既可以采用体内模式也可以采用体外模式。但根据我们前文的分析，子公司化、社会化、资本化是更有利于平台银行发展的模式。不过，这里的挑战在于如何找到金融与公共服务对接的模式，从而实现平台的营利性与公共服务的公益性有机结合。

三是商业性场景平台发展问题。这类场景，建立商业模式、实现流量难度很大，理论上讲，银行可以通过投资与场景平台建立合作来构建平台银行。但在流量平台自建金融体系的背景下，很多银行不得不跨界流量平台的构建，在这种情况下，体外的、科技独角兽模式是必由之路。

就中小型银行而言,由于实力原因,传统银行不适宜过度分散力量,所以自场景平台、公共服务场景平台体内自建模式是基本选择。但前提是,相关银行要建立起与之相适应的体制机制。不过,相对于大型银行,中小型银行这方面的阻滞要小一些。在商业性场景平台建设上,中小型银行几乎没有力量去跨界,基本策略还是积极融入这些场景生态,通过合作建立起平台银行的经营体系。

延伸阅读 2.1

　　我们在第 1 章的延伸阅读中提出了平台银行革命将对农村金融市场开拓以及中国银行业的战略格局产生深远影响。为了进一步说明上述问题,我们在分析农村金融固有挑战以及农村金融供给侧改革困境的同时来分析平台银行模式的机理和价值。

农村金融供给侧改革的微观基础与农村金融供给侧改革战略的完善
——兼谈平台银行模式在农村金融中的发展与影响

金融供给侧改革能够解决"三农"金融服务难题吗?

　　近几年,伴随着乡村振兴战略的推出,农村改革的步伐不断加快。与之相适应,国家在推进普惠金融的框架下,不断推出促进"三农"金融服务的措施,包括定向降准、再贷款、再贴现的货币政策,财政贴息、成立融资担保机构的财政措施,以及"两增两控"差异化考核、银行基层营销人员尽职免责、鼓励大型银行服务重心下沉等监管措施。而在金融领域推进供给侧改革后,很多学者

又进一步提出在"三农"金融领域推进供给侧改革。归纳起来,其主要观点包括:

第一,构建农村金融发展的基础设施。建立多渠道信息征集、信用评价和信息应用机制,建立健全农户电子信用档案,开展农户信用评价和"信用户""信用村""信用乡镇"评定活动。[1] 第二,推进现有金融机构改革。完善村镇银行的发起机制和治理体系,推动村镇银行改革重组。深化农业银行、储蓄银行的三农事业部改革,促进大型银行服务重心下沉。强化农村商业银行的法人治理能力,转变农商行经营发展的"脱农"倾向。深化农村信用社改革,理顺基层信用社、县联社和省联社关系,转变省联社职能。第三,完善农村金融的主体体系。完善由农村信用社、农商银行、开发性银行、政策性银行、大型商业银行、股份制银行构成的银行金融服务体系,加快保险公司、金融租赁公司、消费金融公司、汽车金融公司、典当行等非银行金融机构的发展。第四,完善农村金融的运行机制。完善涉农信贷利率形成机制。建立市场准入、退出与监管机制。充分发挥存款准备金率、再贴现、再贷款、公开市场操作等金融工具对资金流向的激励导向作用。第五,建立农村金融的生态体系。[2] 加大农业保险、融资担保财税支持力度,建立与农村金融发展相适应的法律保障体系,建立和完善农村产权登记、评估、交易和担保制度,完善农民专业合作社管理办法。

针对以上学术观点,如何理解在农村推行供给侧改革这一命题

---

[1] 纪敏. 农村金融发展的新格局[J]. 福建金融, 2019 (04): 11–15.
[2] 李代钰,黄福亮. 基层农村金融供给侧改革[J]. 中国金融, 2017 (10): 55.

呢？显然，这一命题包括两方面的内容：一是农村改革发展的历史背景，二是金融供给侧改革的具体动因。

从历史进程来看，当前中国农村改革发展的重要性不断凸显，"三农"领域的改革已经成为新时期中国改革的热点。这既是基于中国经济社会发展的需要，也是国家直面全球化格局出现的新趋向所做的战略调整。其一，当前中国城市化发展已经到了一个新阶段，在这一阶段，城市化需要农村改革为其向纵深演进释放新的要素和资源。其二，构建双循环发展格局，关键的潜力领域在农村，农业的产业化以及一、二、三产业的融合为后工业化时代的中国提供了新的发展动力，而农民收入的增长则为中国经济发展模式从投资主导型经济向消费主导型经济转换创造了基础。其三，农村、农业发展不平衡、不充分问题仍然比较突出。党的十八大以来，国家在调整工农城乡关系、统筹城乡发展方面取得显著进展。中国城乡关系也出现了新现象。农民工返乡创业、就业的趋势十分明显，扭转了农村劳动力、人才净流出的格局。但由于城乡二元结构长期存在，城乡要素流动不顺畅、公共资源配置不合理等问题依然突出，城乡之间发展的不均衡不充分矛盾仍未根本解决。对此，党的十九大报告提出乡村振兴战略，并积极推进农村土地制度改革和农村集体产权制度改革。

至于对金融供给侧改革的理解，我们则需要从供给侧改革的历史背景中加以把握。2015年左右，中国经济发展进入一个新阶段。传统上基于三驾马车（投资、消费、出口）的短期需求管理，日益难以维系宏观经济的可持续发展。在此背景下，供给侧改革成为中国新时期改革发展的主线。与需求侧管理重在解决短期经济波动不同，供给侧改革着力点在于解决长期经济发展的动力问题，旨在顺应要素相对稀缺性的历史变迁，改善要素的组合方式，建立以创新为主导的经济模式，并在此基础上优化宏观经济的若干结构体系（投资消费、城乡结构、地区结构、国内国外、产业结构），提高中国经济的长期潜在产出水平，实现中国经济社会的可持续发展。作为经济运行的中枢以及经济运行矛盾投射的载体，金融行业的发展既面临自身的问题与挑战，也面临着消解宏观经济运行矛盾的重任。为此，为了强化金融对实体经济的服务水平，防范化解金融风险特别是防止发生系统性金融风险，提升金融服务体系的服务效率，2019年中央经济工作会议提出深化金融供给侧改革的要求。不难看出，金融供给侧改革既是供给侧改革的重要组成部分，同时也源于行业发展所面临的现实挑战。

综合以上分析可以明确，当前农村的改革发展迫切需要金融的支持。但是另一方面，我们也知道，金融供给侧改革是特定历史背景下国家对金融改革的顶层设计。这就产生一个问题，作为行业总体改革思路，金融供给侧改革如何在"三农"金融领域来贯彻呢？事实上，相对于中国金融业的整体发展而言，"三农"金融服务并非行业的主体——截至2019年年末，全国涉农贷款余额达35万亿元，但也只是同期金融机构人民币各项贷款余额的22.8%。更为关键的是，"三农"金融具有自身的特点，这种特点更多体现为"三农"金融需求的长尾特征。在这种情况下，上述农村金融供给侧改革的学术主张，能够适应农村金融的独特性吗？能够破解农村金融发展的关键挑战吗？回答这个问题，我们需要明晰"三农"金融服务的难点和症结在哪里？上述金融供给侧改革主张，对于破解"三农"金融服务难题的价值和意义是什么？由此，我们将明确用金融供给侧改革来破解"三农"金融服务难题，又需要哪些条件和基础。

农村金融发展的关键挑战与金融供给侧改革的局限

"三农"金融业务的风险特征，对应着银行的业务模式和风控逻辑，并由此决定了银行经营管理上的策略行为。因此，我们通过"风险特征及风险管理特征—业务模式＋风控逻辑—行为逻辑"这样的分析框架对中国农村金融服务的挑战与业务逻辑加以考察。

"三农"金融业务有两个特点：一是由于农业生产存在一定的靠天吃饭的成分，农业生产风险较大；二是由于"三农"金融需求较为分散，相关主体经营管理不够规范，银行消除信息不对称的成本高昂。在此情况下，"三农"金融呈现风险成本以及风险管理成本两高的特征。为了应对运营成本问题，银行的"三农"业务通过批发化、长期化以及坐商化来解决；而针对风险问题，则通过客户选择、抵质押来应对。但这两项措施往往带来周期所隐含的系统性风险，于是，农村金融机构往往通过结构性措施（地区结构、产业结构）来强化对周期的管理，由此中国农村金融市场就呈现如下特征：

从资产端看，政府和龙头企业是主要贷款客户，基础设施贷款是主要贷款品类。由于竞争实力的差异，农业银行在上述业务模式中具有更大的优势，占据了其中的优质资源，所以上述特征就更为明显。2017年年末，农业银行涉农贷款余额超过3万亿元，[1] 占各

---

[1] 由于近期农业银行年报统计口径发生较大变化，为了更好展示相关结构特征，这里采纳的是能够展现相关结构特征的最近年份数据。

机构全部涉农贷款的9.6%。在贷款结构上，截至2017年年末，农行水利贷款余额达3 353亿元，家庭农场和专业大户贷款余额达657亿元，县域旅游贷款余额达289亿元，商品流通市场建设贷款余额达155亿元，高标准农田建设贷款余额达45亿元。与此同时，尽管相关经营行为也趋向于上述模式，但由于无法在上述模式中占据优质资源，农商行、农信社、村镇银行的经营则面临着更大的挑战，这突出表现在自身所面临的风险以及资产质量上。2020年第3季度末，全国农商行不良贷款率为4.17%，远高于银行业机构平均的不良率水平（1.96%）。从负债端看，由于可以实现"坐商"业务模式，存款是农村金融的主要业务，存款竞争是农村金融竞争的核心，资金转移成为农村金融机构获取收益的重要方法和途径。大型银行通过内部转移价格、农商行通过同业存款等形式将农村地区资金转移到城市以及发达地区。近些年，一些农商行积极推进跨区经营，在发达地区设点，这是其通过结构管理来控制风险的重要举措。

但是这样的机构行为和业务布局，也给农村金融带来问题，主要表现在：一是客户选择过于集中于政府客户、准政府客户（机构）以及龙头企业，金融服务的普惠性不足；二是资源配置过于集中于涉农金融中的县城层面，对乡村配置不足；三是将大量的农村资金资源调离农村本地；四是农村本地化经营的金融机构，尤其是农村商业银行、农信社以及村镇银行的经营面临较大的挑战，其中一些机构经营上的脱农趋势比较明显。那么，我们上文所述的金融供给侧改革措施，能够改变上述问题吗？

我们来看作为农村金融机构主体的农信社改革。当前尽管农信社改革重点在于解决商业化与合作化之争以及省联社的地位与功能问题，不过商业化与合作化道路的选择问题，在现实中却是一个伪命题。从农信社改革发展的历史来看，农信社要么是半行政化半专业银行体制，要么就是以农村金融市场为主的商业银行体制。尽管合作金融主张者强调合作金融作为熟人社会在风控上的价值，但中国急剧的城市化进程，农村留守人员素质相对不高的现实，人情社会、宗族结构、基层治理结构在市场经济大潮冲击下的解构甚至是异化情况，农村新型经济主体发展不足等，都注定了合作化难以适应中国农村经济社会发展的实际情况。也正是因为如此，商业化成为大多数地区农信体系改革的主要方向（截至 2019 年 6 月底，全国 2 235 家农信社，已改制为农商行的达 1 423 家），其本质上是去行政化背景下的管理体制以及产权与法人治理改革。

不过商业化也带来农商行经营脱农问题，于是中央提出"保持县域法人地位"的指导思想。① 在这种情况下，如何处理县级法人与省联社的关系就成为另一个改革重点，它决定了农信社商业化改革的具体形式。作为一个集多重职能、多样身份和多种组织形式——既是行业管理机构，具有管理和指导职能，又是行业服务机构，具有自律和服务职能，还是地方性金融机构，具有一定的银行业经营服务职能——于一体的特殊机构，省联社，其改革的主要方向还是要遵循"小法人+大平台"的思路，具体实现形式可以是"联合银行"模式，也可以是"银行控股公司"模式。② 不过，在

---

① https://www.chinanews.com/cj/2018/02-05/8441289.shtml
② 胡宏开. 省联社改革已到"临门一脚"：多样化改革模式是方向［N］. 中华合作时报，2020-04-14.

传统的业务模式和风控逻辑没有突破的情况下，对本地"三农"业务经营的强化、对业务普惠性的要求，又将进一步恶化农信社、农商行在运营成本以及周期管理上的挑战。当前，大型银行在国家和监管推动下，积极推动"三农"事业部改革以及服务下沉。但在业务模式和风控逻辑没有改变的情况下，上述努力只会进一步强化大型银行对县城、政府客户、基建贷款、存款等业务的争夺，而普惠性政策要求又会进一步驱使大型银行在利率市场化背景下扭曲农村金融的价格体系，这些情况又通过竞争链条传导到不断强化本地化经营的农商行身上。在客户、业务和价格不断被挤压的情况下，农商行、农信社在经营上的问题就将重新浮出水面。于是农商行不得不在脱农与经营挑战中徘徊和轮回。

与农商行相似，村镇银行同样面临着业务模式和风控逻辑的挑战。作为机构增量改革产生的村镇银行，目前已经成长为农村基础金融重要的服务力量。截至 2018 年年末，全国共组建村镇银行 1 621 家，资产总规模达 1.5 万亿元，贷款余额、网点数、从业人员占农村中小金融机构的 7% ~ 10%。[1] 但相较于农商行，村镇银行的绩效表现要更加逊色一些。近几年，一些村镇银行风险水平快速上升，凸显了其所面临的业务模式和风控逻辑挑战更为突出的现实。同时，由于村镇银行的发起和设立，多出于一些机构的特殊性意图（比如在农村变相扩展实体网点、异地战略布局、建立大股东融资渠道和便利等），所以完善村镇银行的发起机制和治理体系，防止村镇银行沦为发起方的分支机构或是股东利益输送的渠道和手段，

---

[1] 陈涛. 村镇银行与农村金融供给侧改革 [J]. 中国金融, 2020 (03): 66 - 68.

就成为村镇银行改革的重要内容,而推动改革重组、化解风险也是当务之急。对此,2021年1月,银保监会发布《关于进一步推动村镇银行化解风险改革重组有关事项的通知》,部署村镇银行的改革重组。但不可否认的是,上述措施并不触及村镇银行的业务模式与风控逻辑。于是,在相同业务模式和风控逻辑下,在竞争中只能服务于"三农"金融领域的次级客户(风险更高、业务更分散、抵质押物质量更低),同时又缺乏结构性风控手段的村镇银行,只能面临更为严峻的考验,这种情况在经济下行期以及不发达地区就更为突出。

相较于机构改革,在基础设施建设、行业生态建设领域,相关改革的绩效似乎与微观领域的业务模式关系不大。但事实上,微观的业务模式基础仍然是制约相关领域改革绩效的关键。显然,构建金融发展基础设施对于农村金融发展具有关键意义,但问题在于构建的方式是否具有可靠性和可持续性。以农村金融的信用体系建设为例,农村社会活动、商业活动、信用活动并不活跃,在这种情况下,可持续的信息来源、多元化的信息生成机制就成为农村信用建设的难点,而如何避免"信用户""信用村""信用乡镇"评定活动成为形式化的、运动式的工作也是关乎相关工作质量的另一个难点。[1] 再以农村金融的生态体系为例。[2] 我们都知道生态体系建设是降低"三农"金融风险以及运营成本的重要一环。近几年国家也加大了农业保险、融资担保财税支持力度。但从实践情况来看,一些

---

[1] 纪敏. 农村金融发展的新格局 [J]. 福建金融, 2019 (04): 11 – 15.
[2] 李代钰, 黄福亮. 基层农村金融供给侧改革 [J]. 中国金融, 2017 (10): 55.

担保机构与银行的合作，还基于传统的业务模式，银行对担保机构实行严格的准入，对担保机构进行严格的授信管理，需要担保机构缴纳保证金，而在业务执行过程中，双方共同对客户贷款申请进行审核，相关流程较之银行传统抵质押业务更为烦琐和漫长。从数字上来看，2018年融资担保行业杠杆倍率平均不到2倍，而按照《融资担保公司监督管理条例》规定，杠杆倍率原则上可以达到10倍。[1] 不难看出，目前的基础设施建设、生态建设还是政府主导的单一推进的体系，如何将上述工作与业务模式连接起来，激发微观主体的积极性，是上述体系面临的重要课题。

回到"风险特征及风险管理特征—业务模式+风控逻辑—行为逻辑"的分析框架，我们可以更加清晰地了解单一供给侧改革的含义，即试图通过系统的改革措施，来改变金融机构的行为，进而强化对"三农"的服务。但某种程度上看，当前金融机构的行为和选择，只是在既有业务模式和风控模式框架下面对"三农"金融业务挑战的一种结果。在没有改变业务模式和风控逻辑的背景下，供给侧改革仍然难以触及"三农"金融业务的根本性挑战。不仅如此，由外力强力推动的单一农村金融供给侧改革，往往会产生事与愿违的结果，包括业务发展的运动化、短期化趋向；改革的形式化趋向；加剧传统领域的竞争，降低机构收益水平，部分弱势机构可能重新陷入困境，其反过来又加速机构的去农化倾向。

解决上述问题，关键在于重建供给侧改革的微观基础，突破

---

[1] 原晓惠. 普惠金融实践的国际比较及其借鉴：基于银行服务视角[J]. 新金融，2020（07）：31–36.

"三农"金融服务的风控与成本瓶颈,在提升"三农"金融服务普惠性的同时,也为各种机构创造更广阔的市场空间,同时也为弱势机构创造更有利的政策环境。事实上,方兴未艾的金融科技革命,已经为"三农"金融的业务模式和风控模式创新创造了条件。

平台银行模式为破解农村金融发展症结提供了新思路

受乡村振兴战略的鼓舞,当前一些大型金融机构以及科技平台机构,积极进军农村市场。这些机构的到来,加速了以大数据、云计算、人工智能、物联网、区块链为代表的金融科技在农村金融领域的应用,它们与特定的互联网平台商业模式相结合,针对农村经济社会运行的场景,构建起包括金融服务在内的平台生态体系,为金融机构破解农村金融难题创造了条件。

目前,农村集体产权制度改革正在中国广大农村如火如荼地展开,清产核资、确认集体成员身份、股份合作制改革、农村集体经济组织登记赋码、发展壮大集体经济是其主要内容。这其中,农村集体资产监督管理平台的建设至关重要。而农业银行开发的"三资"管理平台实际上就是上述平台的具体实现形式。农业银行的"三资"管理平台推广采取总行通用平台、与地方政府共建平台、接入地方政府已有平台3种方式。按照计划,农业银行拟将农村集体"三资"管理平台推广至400个县,力争覆盖2万个行政村。"三资"管理平台的建设和推广,不仅有利于强化农业银行与农村各级政府的"银政"关系,也为农业银行后续的基于平台的产品创新以及业务经营奠定了基础。

与单一的公共服务平台不同,在农村的公共服务水平和数字化水平相对都偏低的情况下，农村综合性公共服务平台具有更强的流量优势，它将农村生活、便民服务与基层社会治理结合起来，具有更强的包容性和整合性。此类平台中，最具有代表性的是"裕农通（河北）"乡村振兴综合服务平台。

2020年9月23日，"裕农通（河北）"乡村振兴综合服务平台正式上线。[①] 该平台由中国建设银行与河北省农业农村厅合作开发建设，将全方位构建集智慧政务、便民生活服务和助农金融服务于一体的乡村全场景综合服务体系。该平台包含多个子系统，即土地经营融资系统、云企贷系统、供销服务系统、品质农业服务系统、阳光乡村服务系统、旅游乡村服务系统。依托这些子系统，该平台可实现智慧政务、农资服务、农户信贷、金融服务、技术培训、政策宣传六大服务进乡村。"裕农通"平台通过裕农通App、智能互动触摸屏、家居银行3个渠道，可实现终端触达。平台从用户角度出发，围绕"卖、贷、缴、找、看、办、用"实现15个功能模块。包括："我要办政务"可供用户预约挂号看病、预约婚姻登记、查询学校/医院/养老院、寻求法律帮助；"我要购农资"提供化肥、地膜等农资商品在线购买服务及企业在线联系报价服务；"我要用农机"提供无人机、灌溉设备等农机企业的在线预约服务；"我要卖产品"通过联系明星产品馆、特色产品馆、线上菜篮子和米袋子为农民打开了农产品销售渠道，并通过找卖家、找物流实现在线交易撮合；"我要买产品"专门为河北省明星企业打造了线上数字展馆，其中河北扶贫馆上线扶贫商品，助力精准扶贫，可实现在线购

---

① http：//m.sohu.com/a/420964301_/20333600

买商品;"我要找服务"为广大农户搭建检疫检测、仓储租赁、商务设计等服务桥梁,助力品质农业发展;"我要办金融"为广大农户提供在线客户经理、预约办卡、购买裕农通宝等金融服务;"我要办贷款"可实现线上全流程办理农户快贷、地押云贷、小微企业贷款;"我要办缴费"线上提供能够满足民生需求的水、电、社保、学费等各类高频缴费项目;"我要学习"提供农技科普、职业技能、党建精品、金融小课堂、法律大讲堂等服务,提升农民综合素质和创业能力,为孩子们提供中小学教育,让外出打工的农民朋友安心放心;"我要找工作"上线 150 个合作企业,为务工人员全方位提供就业岗位;"我要咨询政策"解读社保、补贴、养老、土地等本地国家政策;"我要旅游"上线全省 3A 级以上景区和农家乐,打造吃、住、娱、购一站式旅游服务,"一村一景"展示民俗村貌和历史文化;"我要办村务"助力提升乡村治理水平,公开公示村务和三资管理,展示基层党建工作。

除了公共服务领域,产业链平台是另外一个热点。相对于供应链,产业链平台从整个产业发展的角度入手,涵盖一、二、三产业的融合,具有更强的产业培育价值。2020 年 9 月,建设银行参与建设的"蔬菜智慧管理服务平台"在山东寿光正式上线运行。[①] 该平台集智慧农业、蔬菜追溯、电子商务、信用评价等多项功能于一体,依托大数据分析和物联网应用,打造了农业技术支持、交易撮合、产品溯源、质量监管、金融服务的综合性平台体系。近期已有 2 128 家农业合作社、2 个大型蔬菜物流中心、135 个农业园区上

---

① http://sd.people.com.cn/n2/2020/1021/c386785-34363538.html

线，平台最终有望覆盖全国蔬菜交易量20%以上。

相较于银行的传统模式，上述机构通过构建场景式互联网平台的方式，将金融服务嵌入农村生产生活的环节中，实现了金融业务模式和风控逻辑的突破：其一，通过互联网平台的方式实现了对客户的集聚，成功破解了长尾客户的运营成本问题；其二，通过平台持续化的场景服务和金融服务，实现了对客户的深度洞察，从而突破传统风控对抵质押的过度依赖；其三，平台持续交互的便捷性，一定程度可以降低对长期资金的需求，降低对结构性风控策略的依赖。不仅如此，平台银行还可以解决传统供给侧改革无法解决的问题，包括：银行等大型机构跨界互联网平台，将农村数字化和金融服务结合起来，具有系统性推进农村产业化、信息化的整合意义；平台银行通过互联网平台实现了对全产业链条资源的整合，有利于新型经济主体的培育和发展；平台与客户的持续交互，为数据的内生、持续生产创造了条件，在此情况下，平台可以构建内部持续性的、动态化的、内生的、应用导向的信用体系；各种场景服务商与金融服务商共同构成基于场景的平台生态，可以为客户提供一揽子解决方案，金融与非金融解决方案整合更加紧密，而金融内部的银行、保险、担保等不同金融服务内容在平台框架下配合更加紧密，联动更加迅捷。

相对于传统渠道意义的互联网银行，平台模式下的银行体系是一个全新的银行体系。在这一体系下，银行跨界互联网平台领域，通过推进场景的平台化，将金融嵌入互联网化的场景中，实现银行的商业模式和业务模式创新。解决社会痛点和难点，助力社会治理成为银行获取市场的重要理念和方法。不仅如此，获客和数据运营的发展，还推动了银行运营体系以及银行IT架构的变革。而在这一过程中，银行的科技属性和社会属性进一步增强。简言之，银行经营的互联网场景化和平台化，正在掀起一场新的银行革命。

当然，目前中国银行业的平台化趋势还处在从渠道银行到平台银行转变的初期阶段，场景平台目前还只是扮演着银行获客渠道的角色。如何从获客到客户的深度经营，如何从客户集聚到数据的持续运营，如何从线上化到智能化，如何实现平台化商业模式与平台化运营体系的融合，是未来中国银行业平台化发展的关键主题。

进一步完善农村金融供给侧改革的战略体系

金融科技应用以及平台商业模式的引入，为推动金融机构的业务模式、风控模式创新，重建供给侧改革的微观基础创造了条件。就"风险特征及风险管理特征—业务模式+风控逻辑—行为逻辑"的框架而言，就是将推动金融机构的业务模式和风控模式创新作为本轮改革的传导目标或者说是中介目标。上述结论具有丰富的政策含义，它不仅提出了农村金融供给侧改革需要与金融机构业务模式和风控模式创新相匹配的问题，更为重要的是，它也将深化甚至重构我们对农村金融供给侧改革的认识，为完善农村金融供给侧改革战略提供理论基础。具体而言，包括：

第一，重新定义农村金融供给侧改革体系和改革措施的前提和基础。传统上农村金融改革强调构建多层次的机构体系以满足不同客户的金融需求，其潜在的理论认为小型金融机构更愿意、更有能力去服务好普惠客户。但在金融科技加速应用的时代背景下，规模、类型已经不能作为能否实现服务下沉、更好地服务于长尾客户的标准。相反，技术应用能力、业务和风控模式创新能力才是更好的标准，从平台银行的业务模式来看，大型机构反而更具有服务普惠与长尾客户的优势。因此，当前的农村金融供给侧改革设计，要以有利于金融科技应用以及业务和风控模式创新为前提。以信用社改革为例，无论是商业化还是合作化，无论是强调县域法人还是强调省联社的统一法人，都要以有利于增强改革后机构的科技应用能力和创新能力为基准。从这个意义上讲，商业化道路、强化省联社的服务能力将是基本方向。农村金融供给侧改革只有在这个大的方向来细化改革措施、完善政策体系，才真正能够实现供给侧改革的初衷。

第二，强化农村供给侧改革推进的原则。让市场充分发挥主导作用应该是农村金融供给侧改革的基本原则。首先，农村经济社会的发展使市场发挥作用具有了可能性。正如我们在本文开篇所述，当前农村是实现中国经济社会持续发展的关键领域，而乡村振兴战略以及农村改革则为农村经济社会发展提供了政策环境。对于金融机构而言，农村金融市场不再是鸡肋，而是决定大型机构行业地位、中小型机构成长性的关键市场。在这种情况下，农村金融供给侧改革的重点，不是如何阻止涉农机构逃离农村，而是为涉农机构的技术应用以及业务模式和风控模式创新创造条件。在这样的认知背景下，在完善涉农机构本地化经营政策的同时，我们就可以正视涉农机构对跨地区经营的周期风险管理需求。其次，金融科技应用进一步拓展了市场在农村改革以及经济社会发展中的边界，扩大了市场主体和社会主体可以扮演的角色。传统上，作为公共品供给，像信用体系建设、信用信息供给一般应该由政府来提供，但在建设银行寿光蔬菜平台的案例中，市场化主体所涉足的信用基础设施建设，更具有内生性、可持续性，与信用应用结合得也更紧密。在这种情况下，农村金融供给侧改革就不再需要以社会运动的方式来推动农村金融的单一发展，而是要通过市场的力量、商业的力量、社会的力量，实现农村金融以及农村经济社会的整合发展。事实上，大型机构下乡，不仅带来技术，也带来资本，它可以以最小的改革成本、最小的阻力、最可持续的方式，系统地解决农村经济社会发展的痛点和难点。

第三，重新明确政府的角色。金融科技应用重新定义市场和政府的边界，但并不意味政府在当前的农村金融供给侧改革中可以置身其外，相反政府同样需要扮演积极的角色。只是在新时代背景下，政府的作用要更多扮演协调人和守夜人角色，政府的工作要更加体现基础性。以本文所描述的案例为例，尽管市场和商业主体可以完成更多事情，但无论是产业平台还是公共服务平台，这些平台的提供主体客观上都应该是政府，只是其实现形式采取了市场化的方法，其实质是公共事业与商业的连接和融合。因此，银政合作是基本的模式。在这样的模式中，政府的存在在于保证平台对其他金融机构的开放性，保证平台基本功能（场景的基本功能）的公共服务属性，以及避免平台运营方（多由建设方，比如大型银行继续来运营）对消费者利益的侵害。另外，像农村信用体系建设工作，尽管某一平台可以建立一个信用子生态体系，但仍然需要政府牵头对不同的平台信用信息进行整合，从而真正形成农村金融整体的信用体系。再如农村土地流转市场、产权市场建设，这些都需要政府牵头，通过商业机构的合作，实现公共服务平台与商业化平台的整合和链接。

  根据以上分析，我们可以进一步完善农村金融供给侧改革的相关战略：一是要将金融供给侧改革置于农村改革发展框架中。通过互联网平台的链接，将产业发展、农村新型经济主体培育、基层治理、公共服务与农村的信息化结合起来，并将金融嵌入上述场景中。实现农村改革发展与金融服务深化的整体推进，避免传统推进方式中短板效应对改革的制约。二是将金融科技应用、金融机构业务模式和风控模式创新作为农村金融改革的中介目标，以其作为村镇银行、农信社改革的前置条件，调整相关改革措施和路径，积极推进包括大型金融机构、大型科技机构对农村金融的介入。三是调整政府在农村改革和农村金融供给侧改革中的角色。积极引入市场力量和社会力量，通过商业化模式，推进农村改革与发展的相互融合。在做好市场守夜人和协调者的情况下，推动第三方主体介入农村的基层治理、便民服务、产业发展等公共服务领域，探索农村公共服务的商业化实现形式。积极推动作为社会资源整合者的金融，在上述过程中扮演重要角色，甚至是关键角色。

第三部分　构建篇

第 3 章　构建平台银行商业模式：场景、生态与交互

自场景线上平台、基于网点的线上线下一体化本地服务平台以及线上第三方场景服务,构成了平台银行时代银行的3种形态。它们共同建构于统一的数字化、智能化的经营体系之上,从而构成了未来平台银行的一般形态。场景、交互、生态以及金融服务,是平台银行构建的4个要素,其中场景、交互、生态是"平台"构建和运行的基本要素。

第3章 构建平台银行商业模式：场景、生态与交互

平台银行的一般形态与平台银行构建要素

平台银行的一般形态

传统银行是一个由线上渠道和线下网点构成的经营体系。因此，传统银行的平台化，一方面要积极推动全新形态的创生，另一方面也要推动原有体系与平台银行模式的对接。具体而言，传统银行的平台化有三大任务路径：一是线上渠道的自场景化，即如何将传统的网银、网站、微信银行、手机银行与明确的场景相对接，建立起持续的双向交互体系，并完善针对场景的服务体系；二是网点等线下渠道的本地化平台经营，即将网点的触角进一步延伸，深入本地化生活中，并建立起相应的平台生态和金融服务；三是银行服务嵌入非金融第三方场景平台中。相对于银行现有线上线下渠道的平台化改造，银行服务对第三方场景平台的嵌入是更为普遍的形式，它是平台银行的基本内涵。

由此可见，自场景线上平台、基于网点的线上线下一体化本地服务平台以及线上第三方场景服务，构成了平台银行时代银行的3种形态。它们共同建构于统一的数字化、智能化的经营体系之上，从而构成了未来平台银行的一般形态。详见图3.1。

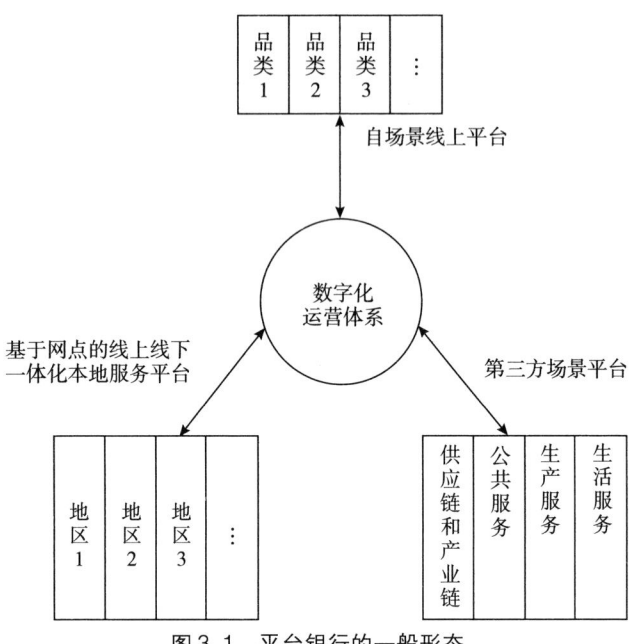

```
                    ┌──┬──┬──┬──┐
                    │品│品│品│  │
                    │类│类│类│…│
                    │1 │2 │3 │  │
                    └──┴──┴──┴──┘
                         ↕
                     自场景线上平台

                      ┌─────┐
                      │数字化│
                      │运营体系│
   基于网点的线上线下  └─────┘  第三方场景平台
   一体化本地服务平台    ↙  ↘
     ↙                              ↘
┌──┬──┬──┬──┐              ┌──┬──┬──┬──┐
│地│地│地│  │              │供│公│生│生│
│区│区│区│…│              │应│共│产│活│
│1 │2 │3 │  │              │链│服│服│服│
└──┴──┴──┴──┘              │和│务│务│务│
                            │产│  │  │  │
                            │业│  │  │  │
                            │链│  │  │  │
                            └──┴──┴──┴──┘
```

图 3.1 平台银行的一般形态

平台银行构建要素

就银行与客户的关系而言，平台银行是一个银行通过平台与平台的用户建立起联系，并将其中的一部分用户发展为客户的体系，即"用户—平台—银行"体系。在这一体系中，正如我们所分析的，很大一部分银行，尤其是大型银行，为了获得场景生态的主导权，往往会跨界到场景平台的构建环节。在这种情况下，平台银行构建的环节和链条就会被拉长，具体而言，包括4个环节：

一是构建场景。平台的构建，首先要选择互联网平台服务的对象以及平台的核心功能。具体而言，包括情境选择、客户定位以及功能设定等环节。随着场景争夺的加剧，场景构建的创新性、科学性将决定平台构建的成败。

二是建立交互。在确立了基本功能后,平台要建立具体的业务和服务体系,推动客户与平台建立起交互关系。交互本质上是由业务和服务所形成的用户与平台之间的互动机制以及数据、资金等资源的持续生产、沉淀的过程。这里有3个关键词,即双向互动、持续交互、数据的生产与运营。

双向互动,一方面说明平台的有用性,另一方面说明平台服务的可馈性。它是平台持续改善服务、提高体验的关键,体现了互联网世界强化虚拟与现实融合、强化情感交流回归的进化方向。双向互动性是平台区分于渠道的重要特征(相对于平台体系,渠道是一个单项输出的管道或体系)。数据的生产与运营是平台成为经营场所进而与互联网工具或互联网渠道相区别的关键。而以上所有内容,都要以持续性为基础。不持续的有用性、回馈性以及数据的生产与运营,一切都变得没有意义。平台的运行,就是持续的功能输出、不断回馈改善以及数据生产与运营的过程。

从这个意义上看,所谓平台,其实就是基于一定的功能,依托互联网,由需求方和供给方所构建的持续的、双向交互的体系以及数据生产、运营的机制和场所。

另外,需要说明的是,在平台的构建中,尤其是平台的初创期,建立核心交互关系最为重要,所谓核心交互,是指对平台流量以及平台商业模式构建起关键作用的交互关系。平台商业模式的构建过程,很大程度上就是核心交互的建立过程。

三是组建生态。平台方根据客户的需求,建立综合服务的供给方体系,这个过程就是生态的构建过程。生态的意义在于提升场景的综合服务能力，通过一站式服务，提升平台的黏客、活客能力。

四是嵌入金融服务。完成场景的平台化或者说完成平台构建后，银行就可以将自身的金融服务嵌入平台体系中，完成平台银行的商业模式构建工作。当然，以上主要是指银行将自身服务嵌入非金融第三方场景平台中（并且是银行跨界平台构建领域，实行自建策略）的情形。在金融自场景情形中，因为场景的平台化，本身就是金融的平台化（第三方场景框架下的"用户—金融场景平台—金融"，简化为"用户—金融自场景平台"），因此，就不存在所谓"嵌入"的问题了。

综上，场景、交互、生态以及金融服务，是构建平台银行的4个要素，其中场景、交互、生态是"平台"构建和运行的基本要素。

跨越低频陷阱

近些年，手机银行（银行App）、网银、自助设备等线上渠道的交易量已经超越线下网点。据中国银行业协会统计，2019年银行业金融机构网上银行交易笔数达1 637.84亿笔，其中手机银行交易笔数达1 214.51亿笔，交易金额达335.63万亿元，同比增长38.88%；全行业离柜率高达89.77%。线上渠道已经成为银行名副其实的主渠道。

银行线上渠道的低频陷阱

不过，上述数字反映的只是银行内部线上线下两个渠道的比对。实际上，伴随着银行经营与互联网的深度对接，手机银行等银行线上渠道，持续获取客户的能力不断削弱。为了应对上述情况，银行不断赋予银行 App 以新的功能，不断将各种渠道相互嵌套。

对此，一些专家将一些大银行的 App 发展情况进行了颇为贴切的描述，"很多大银行，正在把自家的 App 打造成瑞士军刀——功能越来越丰富，用户却从来不用；注册用户数屡创新高，月活用户却一直在低谷"。

在专家看来，瑞士军刀属于典型的大杂烩式 App——下载量很高，使用率很低。银行 App 终究还是难以摆脱瑞士军刀似的尴尬："在买瑞士军刀的时候，人们总想着有这一把刀就够了，牙签、剪刀、平口刀、开瓶器、螺丝刀、镊子、钥匙扣，应有尽有。可需要剪刀的时候，人们还是会找真正的剪刀。于是，瑞士军刀既没有颠覆剪刀，也没有颠覆镊子。"

那么，为什么会造成银行 App 功能不断增加，却无法摆脱低频陷阱呢？有人说，银行 App 缺少像余额宝那样的好产品，也有人说，银行的服务体验不好。那么当某明星宝宝类理财产品收益明显下降时，人们为什么还懒得把钱从其账户里搬走呢？银行 App 服务体验不好，是什么原因呢？实际上，上述问题都是表象，本质上银行 App 的低频特征决定于银行 App 的定位以及发展理念，简言之，就是渠道与平台的差异。详见图 3.2。

其一，渠道秉承的是客户理念，只有现实的、直接的金融需求，才是渠道的服务对象。相反，平台强调用户理念，持续的交互是平台商业模式的基础。这种交互并不以直接的金融需求为限定。正是持续的交互性，保障了某些平台上的产品即使短期收益率下降，也并不会失去客户。

其二，渠道强调的是银行对客户的单向服务输出，缺乏相应的回馈性，但恰恰是回馈性决定了产品与服务体验的提升。

其三，相对于通过客户反馈来促进产品创新、提升服务体验，银行对用户（客户）的主动洞察更为重要。但在银行 App 中，作为一种通道，客户并没有与银行进行深度交互。没有深度交互，自然没有沉淀基本数据以外的行为等数据。因此，银行对客户是无法做到洞察的。这也是银行尽管想提升服务体验，却缺乏逻辑基础和技术手段的根源。

其四，尽管银行 App 总体功能丰富，但就某一个应用而言，银行 App 的功能反而处于绝对劣势。作为渠道，银行 App 提供的并非围绕某一功能的综合性、生态化服务；相反，银行 App 只是金融基本服务的堆砌和简单集成。

正是以上原因，使银行 App 即使增加再多的单一功能，也仍然是典型的渠道，而渠道则是适应传统银行低频服务的载体。那么如何超越银行 App 的低频陷阱呢？显然，去渠道化，推动银行 App 的平台化发展是根本出路。那么，如何构建相关平台体系呢？这就要求我们关注银行线上服务的本质。

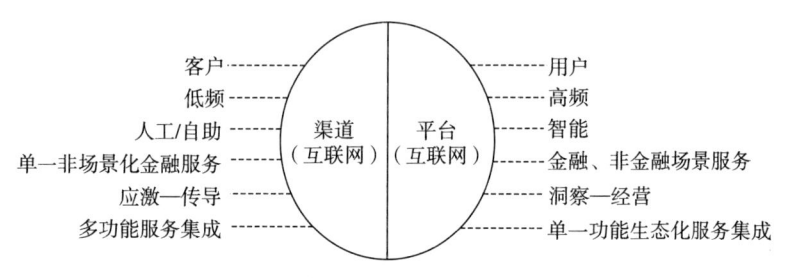

图 3.2　互联网渠道银行与平台银行的差别

第 3 章 构建平台银行商业模式：场景、生态与交互

金融自场景是银行线上服务的本质

与淘宝的电商场景、微信的社交场景不同，银行 App 没有明显的场景特征。而这恰恰是渠道所具有的特点。但是远离精准场景定位的银行渠道，也就远离了场景化的金融服务和非金融服务，远离了持续交互和用户积累，从而陷入低频服务的渠道陷阱。因此，平台银行必须与平台化的场景相联系。那么，银行 App 的平台化，应该对应什么场景呢？

显然，这个场景只能是金融本身，即金融本身是银行 App 获客、活客的手段。在这种情况下，银行 App 的平台化，只能通过金融本身来构建自身与客户持续交互的机制，并建立起相应的服务生态。

我们知道，渠道体系对应的是低频金融服务，而平台体系则应对应高频服务。从这个角度讲，作为自场景存在的银行 App，其平台化实质上是寻找自身服务中的高频场景。具体而言，银行 App 的平台化，总体上应该包括如下内容：

一是寻找自身服务中的高频业务；二是以高频业务为特定场景，建立核心的持续交互机制；三是围绕场景，构建生态服务体系，这种服务不仅包括金融服务，也包括非金融的生态服务，以个人理财场景为例，其生态服务既包括理财产品销售，也包括与理财相关的理财分析软件工具、财经新闻、价格指数、投资者教育等生态化服务；四是在核心交互带来用户流量的基础上，嫁接相关性的辅助业务，建立非核心的交互机制，建立综合金融的盈利模式。

金融自场景的一致性局限与直销银行的困境

金融自场景为银行线上渠道的平台化指明了方向。但这并不意味着差异化、特色化就能让银行 App 获得美好的未来。事实上，我们在明确金融自场景是银行线上服务本质的同时，也要充分认识到，传统的手机银行服务，大多数属于低频业务，而真正意义上的高频业务，主要是理财业务和移动支付业务。

但是正如我们所分析的，平台的世界是一个赢者通吃的世界。过于狭窄的自场景服务，加之近乎垄断的市场结构，显示出基于金融自场景推进平台化的局限性。从这个角度看，上述问题也揭示了银行线上渠道转型的困难程度，尤其是对于一度被寄予厚望的直销银行而言。

长期以来，我国直销银行其实大多扮演着银行特殊品类产品的线上销售渠道角色。正如前文所分析的，直销银行也面临着其他线上渠道所面临的低频挑战。但情势稍好的是直销银行大多数定位于理财服务，这符合高频自场景的要求。不过，如何进一步构建平台机制和体系，仍然是直销银行所面临的问题。不难看出，无论是银行 App 还是直销银行，其最终的宿命都将是高度的一致性和趋同化——以理财为场景的银行平台。

当前，无论是业界还是消费者，都呼吁将银行 App 与直销银行合并（事实上，早在 2017 年 8 月，平安银行就开始了相关操作，将原作为直销银行功能的橙子银行、作为借记卡功能的口袋银行及信用卡等移动终端合并为新口袋银行 App）。这样看来，无论是现状还是未来转型的方向，直销银行都面临着角色定位的尴尬。

当然,当前一些银行赋予直销银行另外一些发展思路。但是这些思路,更多是将直销银行的获客场景引入第三方。在这种情况下,直销银行实践其实已经是对整个银行业转型的探索,只不过它是在原有银行体系外引入特殊的机制——独立子公司或事业部制,这实际上已经具有体外探索和实践的内涵。银行 App 自场景发展的局限以及直销银行全新发展道路的探索,都说明了未来银行的主流形态是嵌入广泛的第三方场景中的、平台化的银行服务。从这个意义上说,未来的银行真的会消失,但是银行也正因为如此,变得更加无处不在了。

需要我们关注的是,在这个过程中,对银行服务进行辅助服务,对服务进行硬件和软件服务以及相应指导和维护,有可能是未来线上银行自场景服务的重要内容,但这已经不再是金融服务的范畴。不过,这看似退化的服务内容,恰恰是银行服务进化的阶梯。

融入社区的 O2O 业务模式

当前,我国银行业在网点领域正经历着急剧的变革。不过,渠道思想及其战略仍然主导着行业内的网点转型进程。这不仅无法解决由渠道思维造成的网点转型困境,更是将网点问题推向极致。从现实来看,摒弃渠道思想,通过 O2O 业务模式,搭建网点的平台框架,建立基于本地化服务场景的核心公共服务体系,并嵌入银行自身的综合服务,依托金融科技实现面对面情感交互与线上智能化经营相融合,是网点转型的根本出路。

平台银行

消失的银行与智能化网点

和几年前银行业扩张网点的趋势相反,近几年网点发展的主题词是裁撤和转型。根据《经济参考报》统计,2018年5月6日至2020年5月4日的两年间,中国银行业已有6134家银行分支机构终止营业。与此同时,新开张的分支机构只有1541家,净减少4593家。①

与网点发展情势相关的是银行员工数量的减少。年报显示,2019年工行、农行、交行、中行的员工数量均有不同程度的减少,四大行员工数量共减少16319人。其中,网点机构最多的农行和工行员工减少最多,农行员工减少达9680人,工行员工减少4190人。据了解,截至2019年年末,农行减少了1.6万余个柜面人员岗位。

另外,与网点裁撤形成鲜明对照的是,近几年,尤其是随着5G商用的开闸,国内银行业掀起了网点智能化改造的大潮。2018年2月,农行新一代超级柜台智能服务平台在全国范围投产上线。截至2019年年末,农行实现了全行共2.2万家网点的智能化改造。2019年,工行、中行、交行等多家银行推出5G智慧网点试点。2019年7月,建行与京东AI共同打造了智能创新产品"金融太空舱",在建行首批3家"5G+智能银行"中全面向广大市民开放。"金融太空舱"是针对银行场景打造的微型、可移动、多模态、沉

---

① 张莫,罗逸姝. 银行网点优化调整:数字化转型提速,传统网点渐退[N]. 经济参考报,2020-05-28.

浸式、"胶囊式"空间交互设备,定位为银行网点、手机 App 之外的新一代智能服务终端。

网点的综合化、轻型化、智能化改造只是渠道发展思路的极致化

前文种种表现代表了当前我国银行业网点转型的 3 种应对策略:一是综合化转型,银行在撤并网点的同时,不断增加既有网点的功能;二是轻型化转型,通过降低人员配置,推进网点的轻型化发展;三是网点的智能化改造,通过配置智能化机具,推进网点业务处理的智能化发展。

表面上看,3 种应对策略代表了不同的转型思路,但其实三者具有一致性的逻辑和动因。从根本上说,它们缘于网点客户的线上化。在互联网冲击下,网点逐渐丧失吸引客户的能力,日益减少的客户及其价值贡献,使网点在高昂的成本尤其是人力成本冲击下,越来越难以维系。在这种情况下,单一网点的改革在成本收益分析驱动下只能有两种选择:要么在分子端扩大功能,通过叠加对公功能、外币功能来扩大网点收益;要么在分母端控制成本,减少人工配置,加大自助机具的配置。据测算,一个柜员人均年人工成本约 10 万元,而智能银行的服务供给能力较普通网点可提升 80% 以上。[1] 显然,无人银行的处理方式可以将上述题目算到极致。

上述出于收益成本分析的经营决策看似合理,却存在根本性谬误。

首先,在客户线上化和场景化的背景下,功能的叠加并不能改

---

[1] 欧阳洁,王观. 银行的日子为啥不太好过了?[N]. 人民日报,2017-01-16.

变渠道与客户相分离的趋势。这一点与银行 App 日趋"瑞士军刀化"的情形颇为相似。

其次,至于网点的轻型化,看似可以降低成本,但没有解决开源问题,仍然难以保证网点的生存,更何况在实践中,一些银行只是把轻型银行当作银行的简配版。现实中,一些银行,主要是股份制银行积极推动社区银行发展,意图通过轻型网点走进社区来扭转网点与客户疏离的困境。但只是走进社区,没有解决好服务谁、怎么服务的问题。网点既有的老年客户以及特定复杂业务(例如银行卡密码丢失情境下的重置业务)的潜在定位,仍然难以支撑网点的生存。据《北京青年报》记者统计,社区支行是 2020 年上半年各银行网点瘦身的重点。一共有 318 家社区支行退出市场,其中民生银行就有 59 家,兴业银行 26 家,光大银行 18 家。

最后,网点的智能化改造,看似很潮、很炫,但这只是满足人们的好奇心,在没有解决好业务定位、客户定位以及业务模式的前提下,越来越先进的科技,越来越少的窗口,其服务宗旨往往与网点现实的客户定位(老年客户)越来越远,这也是目前很多银行网点实际客户体验不升反降的根源。

总之,既有的渠道业务模式,不仅限定了银行网点的客户定位和业务定位,同时也无法实现对客户的深度洞察和深度经营,由此也决定了盈利模式的局限。因此,无论是既有功能的再叠加,还是人员的减少、自助模式的极致化,都无法应对网点面临的挑战,无法逆转网点的颓势。从根本上说,上述应对措施是一种被动的应激性反应,是渠道思维的惯性发展。但问题在于渠道逻辑恰恰是网点衰败的根源,而再用渠道思路来解决问题,正犹如抱薪救火,火上浇油,最终将网点转型之路推向死胡同。

不过,我们也必须看到,作为一个与客户面对面接触、情感交互的物理存在,网点有其存在的价值,尤其是在"泛互联网化"的世界里,这些特质尤为珍贵。但发展网点,必须走出渠道逻辑的自我循环,用平台银行的逻辑来推进网点与互联网世界的融合与对接。在这一点上,我们在前面章节所提到的"建行到家"业务及其相关业务模式,可以给我们以启示。

"建行到家"的启示与网点的平台化路径

"建行到家"微信小程序是建设银行深圳市分行于2019年7月推出的业务办理平台。它通过整合多方资源,实现了客户线上下单,银行接单处理,快递配送,客户收件的一体化服务流程。

在"建行到家"业务模式下,一些之前需要客户到银行办理的业务,如个人账户明细申请,客户仅需登录"建行到家"小程序,上传本人身份证件,通过人脸识别后,按照操作指引,提交订单后即可等待明细文件快递送上门。

"建行到家"目前可办理成人/少儿社保卡申请、生活缴费、账户服务(个人账户明细申请、个人账户证明申请、个人长期不用户激活)、房产证/借款合同复印件申请、房贷账单申请、房贷结清证明申请、对公账户开立、营业执照领取、对公取单等业务。

"建行到家"不仅通过业务模式创新实现了银行服务从"坐商"到"走商"的蜕变,更为重要的是,"建行到家"通过线上线下一体化的业务模式,实现了网点与互联网的有机结合。这为我们提供了传统银行网点平台化的基本思路,我们可以在这个思路基础上实现平台银行商业模式的搭建，具体包括：

第一，选择和明确网点平台化的具体场景。网点平台化的潜在场景是网点周边社区的本地化服务场景。银行的网点需要根据本地化场景识别清晰的客户群体以及制定核心业务战略。

第二，根据本地化场景特点制定核心的平台功能，进而建立平台与用户的持续交互机制，变客户为用户。鉴于网点金融服务的低频特征，这个核心功能更大程度应该是本地社区的公共服务，而且它与金融服务的融合性比较好，可以带动银行建立起自身的盈利模式。

第三，围绕本地化服务场景需求特点，建立本地化服务的生态体系，建立链接本地化服务供给方的合作机制。

第四，平台价值决定于客户是否可以深度介入平台，实现与平台的深度交互。网点平台化要建立引导客户深度介入平台、使用平台，实现平台"留痕"进而实现金融科技深度应用的机制。

第五，面对面情感交互是网点的优势所在，网点平台化需要建立完善的服务回馈体系，提升基于场景特点的客户体验。

当前，一些银行已经在积极推动网点转型，并提出了推动网点与线上渠道协同，推动网点融入周边生态，建立对网点的营销支持体系，推动智能化运营等主张。这些举措，无疑具有了平台银行的影子。这也说明先进银行的网点转型已经到了平台化的门口。但究其实质，这仍然是渠道思想的产物。

渠道协同，更多的是网点和渠道互为入口，但其并非一体化的平台体系；尽管意图建立统一的客户画像，但客户仍然不是用户，仍然没有深度与平台交互，没有客户行为的深度"留痕"，客户画像只能流于形式。而没有业务模式的深度变革，渠道的业务模式并不支持网点与本地化场景的对接。至于营销支持体系，也和平台的运营体系相去甚远。没有平台模式的引领，智能化只是局部效率的提升，无法破解渠道银行所面临的体系局限。因此，推动渠道战略向平台战略的转型，是当前网点转型的关键。

需要看到的是，线上渠道和网点的平台化改造，本质上是银行的防御型战略，是对既有体系的改造。但这种改造并不足以让银行适应经济社会场景化、平台化的时代趋势。因此，本章接下来的内容，将重点介绍传统银行平台发展的进攻战略，即如何构建第三方场景平台。

做价值链的整合者/参与者

相对于自场景平台，嵌入第三方场景的平台银行是未来银行的主流形态。银行将自身服务嵌入第三方场景，实际上是银行更积极地参与到以互联网为核心的经济社会运行的价值体系之中。在这一过程中，银行可以做价值链的参与者。但更多时候，凭借金融与科技的融合优势，银行同样可以选择做价值链的整合者，从而奠定自身在生态体系中的主导角色，并通过平台的垄断性形成自身在特定场景下的竞争优势。一般情况下，社会痛点和难点是银行搭建场景、构建平台的切入点。在这种情况下，银行已经进化成为社会治理的重要参与者，甚至是主导者。

当然，在平台银行的世界里，场景是一切的前提和基础。基于以上因素，为了分析的需要，我们以消费者、生产者、政府与机构三类主体为线索，来探讨场景与平台的构建问题。其中，在生产者场景中，我们会通过具体的案例来说明平台的搭建过程。

在分解重构中创造消费者平台的场景基础

消费者场景是相对成熟的场景，作为高频服务场景，电商零售、出行、社交等场景已经形成较为成熟的商业模式和市场体系。头部企业在强大的场景流量支撑下，纷纷跨界金融。在此情况下，金融已经成为相关场景平台的重要收益来源。

依托电商场景以及支付宝对线上线下场景的串联，蚂蚁集团2020年上半年的营收达到725亿元，而拥有花呗和借呗两大明星产品的微贷业务，上半年收入285.86亿元，占总营收的39.41%。[①]与其他的超级流量平台一样，围绕"车—司机—乘客"的出行场景，滴滴出行也展开了包括保险、信贷、分期、理财、支付的综合金融布局。而依托社交平台微信的微众银行"微粒贷"，截至2019年年末，已发放超过4.6亿笔贷款，累计放款额超过3.7万亿元。而在外卖领域，美团金融通过商家订单财务管理、商家收单工具来全面、深层地掌握商家和消费者的数据，进而基于商家流水数据做商家周转贷款，基于消费者数据做消费信用免押、信用支付和信用借款。[②]

传统银行在基于消费者场景构建平台银行经营体系的时候，往往会陷于战略选择上的困惑，这种困惑主要有两种表现：一是在主流场景被科技巨头侵占的背景下，力求奋力一搏，意图在战略上扳

---

① 根据蚂蚁集团招股书披露。
② 孙扬. 谁是产业链金融之王. 苏宁金融研究院微信公众号，2020-08-22.

回一城。前几年,若干银行跨界进军电商领域,某种程度上就具有这样的意味。二是在正视科技巨头的在位优势的背景下,放弃了在相关场景的战略布局,转而对业内探索者施以观望。不过,上述两种态度都很难承载银行平台化的历史趋势。从根本上说,这些态度都源于我们对场景认识的偏差。

场景作为互联网时代由特定的服务功能所对应的用户及其需求的集合,尽管有主流、非主流场景的区分,但场景本身却是无限的,其原因在于围绕着不同的逻辑和依据,会产生不同的特定功能,并由此产生不同的场景。当前,围绕消费者的高频场景,多为互联网平台巨头所占据,但这并不意味着银行在此领域将无所作为,可以将相关领域的客户和业务发展机会拱手让人。

事实上,在这一领域,银行的平台化之路仍然充满极大的想象空间,其原因在于银行可以通过分解和重构既有的逻辑和功能,创生新的场景,从而避开既有的场景和平台,实现对既有消费者市场以及其他市场的渗透。在这一方面,可以有多种思路。我们在第一章提及的"拼多多"在电商市场的崛起,本质上就是这种思路的生动实践。"拼多多"将传统电商界定为搜索电商,而将自身定位于社交电商。通过社交拼团传播方式以及低价策略成功打造独特的"C2B"消费购物场景,实现对客户资源的重组和关系重构。

类似的头脑风暴还有很多。如果把目前互联网平台巨头所搭建的巨型流量平台看作纵向的功能服务平台(如电商、衣食住行、社交等)的话,我们就可以通过横向的功能服务来创生新的场景,从而促使上述流量巨头的客户,也成为我们的客户。这个横向功能场景就是社区服务场景。当我们把社区看作一个场景时,就可以通过将社区服务与互联网对接,从而构建平台服务体系。具体而言,我们可以构建包括社区物业管理、停车管理、养老管理、家庭医生服务、社会保障管理等职能的场景服务体系。而在这些核心功能基础上,银行可以嫁接诸多金融服务,包括但不限于物业费及水电煤气费缴存、智慧停车支付、养老金发放、保险代理销售、社保卡办理等业务功能。

再有,如果我们把当前的场景竞争分作城市场景和农村场景,那么链接城市和农村的结合部就是一个创新性场景。建行"民工惠"产品所针对的农民工发薪场景就是这样的创新场景。依托自身在基建房地产领域的传统优势,建行通过给劳务公司贷款的方式,推动农民工收入月薪制,从而将农民工纳入自己的服务体系,尽管建行不是传统意义上的在农村深耕的银行,却通过"民工惠"的链接,实现了对农村市场的渗透。目前,"民工惠"服务已在采矿业、制造业等领域落地。2019年,建设银行已投放"民工惠"专项融资款455亿元,为超过429万农民工提供了服务。

以超越供应链的产业平台体系重获产业金融主导权

关于生产者场景下的平台银行构建,供应链金融是重要的论题。

近几年,供应链金融已经从个别银行的特色业务探索,上升为行业业务发展的热点。这其中,在金融科技促动下,线上供应链金融的蓬勃发展,是关键性促力。作为行业领先者,截至2019年年末,建设银行网络供应链合作平台已经达到2 659家,累计向6.5

万家企业发放 8 799.27 亿元的网络供应链融资。①

传统上，供应链融资依托于核心企业进行风险管理，但相关业务在国内发展的一直不温不火。直到线上业务模式兴起，尤其是在金融科技的推动下，国内供应链融资才真正走上快车道，其原因在于线上供应链融资破解了传统供应链融资的三大瓶颈。

首先，线上业务模式适应了供应链业务的高频特征，尤其是在云计算、大数据、物联网、区块链等金融科技推动下，银行供应链融资业务发展的成本大幅度降低。

其次，大数据、区块链、物联网改变了传统供应链依靠核心企业的风控逻辑，动产抵押、大数据分析成为网络供应链融资控制风险的新手段（其中，物联网的应用可以实现对动产的智能化监控，而区块链可以实现信息传递的不可逆和可追溯）。

最后，依托移动互联网、大数据、云计算等金融科技，智能化的综合金融服务大幅度提升了银行服务的便捷性，极大提升了客户体验。

事实上，线上供应链融资是当前银行最具有平台银行业务模式特征的业务领域，初步具有了场景的平台化、客户与平台的高频交互、平台对数据的生产和运营、服务生态构建等要素（当然，由于缺乏成熟的数字化体系以及与之相适应的体制机制，线上供应链融资业务体系还不是完整的平台银行构建模式）。

但是我们必须看到，供应链融资尚难以完全承载生产者场景下平台银行构建的全部任务，其原因在于供应链融资高度依赖供应链

---

① 数据来源：中国建设银行年报，2019 版。

体系中核心企业的配合程度。现实中，一些大型核心企业往往自建自身的供应链金融体系，银行已经失去了在相关领域的话语权。更为重要的是，依托金融科技，银行对数据的应用越来越普遍。银行的本意是想通过数据应用来消除信息不对称，使交易更加透明化，但这种努力反而使各方关系更加复杂化。以区块链在供应链金融领域的应用为例，区块链的不可篡改且完整可追溯性使得核心企业的供应链数据完全公开，对企业的销售渠道和货源供应造成"市场竞争风险"，[①] 因此核心企业的配合意愿将越来越成为平台银行构建的障碍。在这种情况下，银行要跨越供应链体系，将视野投向前景更为广阔的产业链体系。

当前，新一轮科技革命方兴未艾。科技革命不仅催化了人工智能、新能源、生物技术、航天等新兴产业的发展，更是通过互联网与传统产业的结合，来提高产业链的运行效率，降低产业链运行中的交易成本，调整产业链中各主体的合作分工关系。这种产业运行机制的变革，为银行的平台化经营创造了条件。相对于传统的供应链平台银行模式，产业链平台银行的构建具有自身的特点，包括：

一是银政合作是基本的框架。在供应链融资体系中，银行通过与核心企业的战略合作，建立起工作框架；但在产业链平台中，银行主要通过与各级政府合作，来搭建产业链平台的工作框架。

二是产业痛点和难点是切入点。平台建设的切入点，往往也不

---

① 柴正猛，黄轩. 供应链金融风险管理研究综述［J］. 管理现代化，2020，40（2）.

再是强化对核心企业的服务，而是从整个产业的痛点、难点和短板入手，强化产业整体运行的质效。

三是独立的系统建设。从系统建设来看，供应链融资往往是银行供应链金融业务系统对核心企业 ERP 系统的对接；而在产业链金融中，银行往往要重建产业运行的综合服务平台，然后将自身的业务系统接入。

四是建立高频的核心交互，并由此建立起产业数据运营体系是最为关键的工作。相对于核心企业在供应链中的主导地位，在产业链的运营中，由于缺乏主导力量"强制性"地让各方主体应用系统和平台，所以产业链平台建立核心交互，也就是建立用户体系难度就更大。从现实看，某种高频的、免费的平台功能往往扮演着这一角色。

五是全产业链场景构建是基本方向。相对于供应链的单一交易场景，产业链涉及的场景更为广泛，不仅涉及交易场景，也可以包括生产、流通、交易、消费等产业运行的全部场景。不同场景可以匹配的金融业务也更为广泛。

六是多功能、多主体生态体系是基本思路。在供应链体系中，核心企业、上下游企业以及金融机构构成了供应链的生态体系。但在产业链运行中，生态主体更为广泛，各种辅助主体也会成为生态中的一员。其中最鲜明的特征就是政府作为产业运行服务的重要主体，会被纳入生态当中。

关于银行如何通过产业链综合服务平台的搭建来构建平台银行的商业模式问题，我们会在本章延伸阅读中通过一个虚拟案例来阐释分析。

在共建公共服务平台中获取综合业务抓手

以机构为主体的场景，主要是公共服务场景。公共服务是由政府或公共组织提供的具有共同消费性质的公共物品和服务。当前公共服务领域的平台银行构建已经成为领先银行战略着力的重点。整体来看，城市和农村的公共服务场景的性质、特点、痛点具有一定的差异性。

在城市，公共服务平台的构建主要围绕"智慧城市"展开，其中智慧政务和智慧医疗是行业布局的重点领域。在智慧政务领域，2019年年初，建行与云南省政府合作开发了云南政务服务App"一部手机办事通"。而工行则联合雄安新区管理委员会共同发布"征、拆、迁"资金管理区块链平台，与宁夏区政府合作推出"我的宁夏"政务App。在智慧医疗领域，建行推出"建融智医"平台，该平台是一个专业的医疗服务平台，提供在线预约、自助缴费、报告查看、信息公告查询等功能。

除此之外，一些银行还在更为广泛的公共服务领域构建平台银行的商业模式。在机构业务领域，平台打法已经代替传统的关系营销成为银行新的竞争手段。"善行宗教""安心养老""党群服务""智慧政法""建融慧学"等机构业务平台建设已经成为建设银行拓展机构市场的利器。

在农村，公共服务水平和数字化水平都偏低，所以农村公共服务平台的范围更为广泛，整合性、综合性更强，与产业发展、产业融合的结合更加紧密。近几年，大型机构都开始了农村公共服务平台化的探索。最具有代表性的是"腾讯为村"平台。

"腾讯为村"平台是腾讯公司推出的，致力于乡村移动互联网能力建设的免费开放平台。该平台依托和运用大数据信息，以"互联网+乡村"的模式，将腾讯的社交基因与乡村公共服务整合起来。具体而言，该平台具有3项功能：一是乡村社交，通过开放的交流平台功能构建线上村庄场景；二是乡村服务，为村庄及村民提供民生、医疗、教育等多元服务；三是党务村务，为各级干部提供公开发布党务、村务等信息的渠道。同时，"腾讯为村"大数据平台分层分级，为各级干部提供翔实的乡村治理数据，有效提高乡村基层工作效率。

总体而言，农村公共服务平台构建，包括3个层次：一是基层政务公共服务平台，包括线上办事大厅、基层党建、涉农资金管理、阳光村务等内容；二是民生、便民公共服务平台，包括医疗、教育、养老等内容；三是产业公共服务平台，主要是农村三资（资产、资金、资源）管理、土地流转、土地托管、产权交易等内容。

相对于消费者平台、产业平台，银行在构建公共服务平台时，场景更明确，建立交互更容易，而其难点在于如何取得机构的信任以及平台自身的功能和体验。与一般性的科技公司不同，银行天生与政府有着千丝万缕的联系，银行本身也具有鲜明的机构属性，这些都有助于银行在公共服务领域将平台银行实践推向深入。从这个意义上看，公共服务更应该成为银行迎接未来，实现自身变革的关键领域。

延伸阅读 3.1

为了对本书相关思想进行详细的阐释，这里虚拟了一个奶业振兴的案例。具体背景如下：奶业是××地区重要的产业支柱，但在长期发展中，产业运行也面临着瓶颈，在这种情况下，通过构建产业综合服务平台以及平台银行体系，建立全新的产业机制，补齐产业发展短板成为当务之急。为此，当地政府与银行合作，拟通过政银合作，搭建产业振兴的平台框架。

关于××地区奶业综合服务平台构建及奶业产业场景平台银行构建思路

在食品行业中，奶业的产业链是最长、最复杂的。当前我国奶业发展还存在产业竞争力不强、可持续发展不足的问题，具体表现在：一是产品结构不合理，高品质、高端乳品供给不足；二是奶牛养殖规模化、标准化、信息化发展仍然存在较大发展空间，融资难、融资贵仍然是影响奶牛养殖业的重要难题；三是产业上游的草业发展不足，高端饲草供给不足；四是配套政策措施精准度不足，产业监管薄弱。奶源安全仍然是威胁行业可持续发展的潜在因素。尽管我国奶业发展面临诸多问题，但从产业的整体运行而言，其逻辑却是一致的，就是养殖环节责、权、利不清晰是制约产业发展的关键瓶颈。

养殖环节责、权、利不彰是制约产业发展的关键瓶颈

当前，中国奶业主要有5种产业形式："龙头企业＋奶站＋奶农""龙头企业＋奶牛小区＋奶农""龙头企业＋奶业合作社（奶农协会）＋奶农""龙头企业＋规模牧场""龙头企业＋奶联社＋奶农"。

第3章 构建平台银行商业模式：场景、生态与交互

奶牛养殖户与乳品企业之间基本上是一种通过合同建立起来的买卖关系。但龙头企业在产业链条中的强势地位、信息不对称以及奶农组织化程度低、规模养殖占比不高（全国为64%，××地区仅为50%）等原因，造成养殖环节在产业链条的利润分配处于相对弱势地位。与此同时，养殖环节的优势体现为资源和活体资产庞大，但由于产权市场的缺失，资产、资源难以充分转化为资本。

较低的利润水平、资源和资产价值无法体现、高昂的前期投入，抑制了奶牛养殖的规模化、信息化、标准化、组织化发展，并负向反馈造成高品质奶源供给不足。

养殖环节的发展瓶颈向产业前端传导，抑制了土地流转成本高、技术投入大、大型机器严重依赖进口的高端牧草种植业的发展。而奶源质量向后端传导，则又造成加工和销售环节高质量、高端产品供给的不足。与此同时，奶牛养殖业的规模化、信息化、标准化不足，又为奶源监督、溯源带来困难。

另外，由于养殖环节规模化、信息化、标准化、组织化不足，以及乳业本身产业链较长，造成产业链条运行中的交易费用高昂，比如企业与分散性奶农之间讨价还价、签订合约的签约成本，用于招待、运输、保存、佣金、监督等环节的交易执行成本等。

提升产业链条运行质量的根本出路

为改变产业链条中养殖和种植等产业前端制约产业整体发展的情况，当前我国奶业普遍的共识是通过建立利益联结机制来提升核心企业对产业的扶持，并辅以大量的直接政府补贴。从现实来看，多种形式的纵向一体化是主要形式，如龙头企业通过自建、控股、参股上游养殖和种植，建立起利益一体化的产业体系。

龙头企业建立起的前向一体化产业体系，实质上是在市场机制失灵或不完善的情形下，通过外部企业内部化、集团化，通过企业组织代替部分产业组织的方式来降低市场机制下的交易成本高企以及不同主体之间的利益冲突，其核心思想是用一种企业内部的利益调节机制来代替外部市场机制。

但是，这种方式受各地种植、养殖自然禀赋的限制，不能无限扩大。同时从企业的能力来看也有其边界。最关键的是，企业组织代替市场，效率未必最优，它只是在市场机制不完善情况下的一种次优选择。因此，从根本上讲，消除产业发展瓶颈，提升奶业整体运行效率，关键在于完善和建立新型的产业运行机制。具体应该包括：

第一，整合统一的交易信息体系。整个产业链条各环节都要建立起充分竞争、完善的市场体系和信息体系，消除由于信息不对称造成的交易成本问题。

第二，调整产业各主体利益关系的生鲜奶价格谈判与管理机制。通过短期谈判价格机制、长期谈判价格机制、政府指导价格机制、聚合谈判机制的整合应用，来调整产业链条中各主体的利益关系，补强种植、养殖环节的内生发展能力。

第三，强化物流、信息流、资金流三流融合的供应链管理机制。将更多的产业上游主体纳入供应链管理体系，通过供应链管理为养殖、种植业提供供应链金融服务。

第四，建立将资源、资产转化为资本的转换机制。通过身份识别、资源确权、交易市场建设、价值监控与金融产品创新的融合，建立资源、资产资本化的体系。

第五，完善政府在奶业监管、溯源、补贴管理上的整合化、社会化运行机制。通过市场化第三方主体的规模化、社会化运作，提高政府在奶业监管、溯源、补贴管理方面的效能。

平台化发展是构建新型产业运行机制的关键载体

中国奶业产业发展的瓶颈，归根结底缘于冗长的产业链条、龙头企业对产业链条的掌控以及相对分散化的养殖模式，其解决思路在于建立起相关机制，提高产业链条运行效率，降低产业链条运行中的交易成本，调整产业链条中各主体的利益分配关系。但在传统的组织模式和技术条件下，上述机制只存在于理论中。不过，科技与互联网的发展，带来平台化组织模式，它为解决产业运行中的诸多问题提供了思路。

第一，以互联网平台消除市场信息不对称。在物理市场体系下，受困于时间和空间的限制，产业链条无法建立关于各个交易环节的充分的市场体系，尤其是在产业链条前端。但在平台市场中，信息不对称问题大大削减，产业中各类子市场的发展，将为产业发展，尤其是产业前端发展提供助力。

第二，以交易的平台化改变产业链条的游戏规则。通过网络对养殖端的聚合，配合"以模型为支撑"的价格机制设计、价格体系完善以及政府力量的介入，可以平衡产业主体之间的谈判地位。

第三，以网络、科技及金融的深度融合，进一步提高供应链管理中物流、信息流、资金流的融合与运行效率。

第四，以科技及互联网的发展破解资源、资产资本化障碍。互联网，尤其是物联网的发展，为资源和资产的身份识别、产权交易、价值监控提供了技术条件；同时也为金融的介入，实现资源、资产的资本化创造了条件。

第五，以科技及平台模式，破解政府能力瓶颈。通过互联网及其相关技术的应用，配以整合化、社会化的运行模式，提高政府在奶业监管、溯源、补贴管理等工作中的效能。

关于××地区奶业综合服务平台的构建思路

平台化是进一步提升中国奶业产业竞争力，促进产业提质增效，实现可持续发展的根本出路。相对于全国奶业，××地区奶业产业地位更加突出，龙头企业对产业的掌控能力更强，养殖业规模化养殖水平更低。因此，平台化发展就更为迫切。但平台作为一种组织模式，一种商业模式，其发展具有自身的规律性，只有尊重其规律性，平台建设才能真正发挥效能。××地区奶业综合服务平台构建，需要高度关注几个问题：

第一，建立获客、活客的持续性核心交互机制是平台成功的基础。

流量是互联网平台建立的根基，持续交互是平台成功的必要条件。作为一种以政府视角提供的第三方平台，最大的挑战在于如何深度融入产业运行中。如何变"政府要求进驻平台"为产业主体"有迫切需求加入平台"，如何避免产业运行与平台运行"两张皮"问题，如何避免平台建设沦为外部数据简单接入、集成的工具，这些问题决定平台的成败。解决这些问题，就要解决流量和交互的来源问题，解决平台的运行基础问题。

现实中，养殖场的信息化、智慧化是养殖发展的必然趋势，通过物联网技术、大数据技术来实现养殖环节的活体智能识别、云端健康监控、养殖场环境监测、动物防疫进出场管理、自动化精准喂养、奶源质量监控和溯源、"三资"登记统计。这是养殖环节提质增效、实现可持续发展的内在需求。

但与此同时，小型养殖场不具备信息化、智能化的能力，而大型养殖场的系统依托于核心龙头企业，由于系统与行业体系分割，其整体效能发挥还不充分。因此，通过公共平台免费提供云系统资源以及管理工具助力智慧牧场（养殖场）发展，就成为产业平台流量自然引入并建立起持续交互机制的基础（或者说，免费智慧牧场平台服务就是××地区奶业综合服务平台商业模式的基础），这也是××地区奶业综合服务平台的关键切入点。详见图3.3。

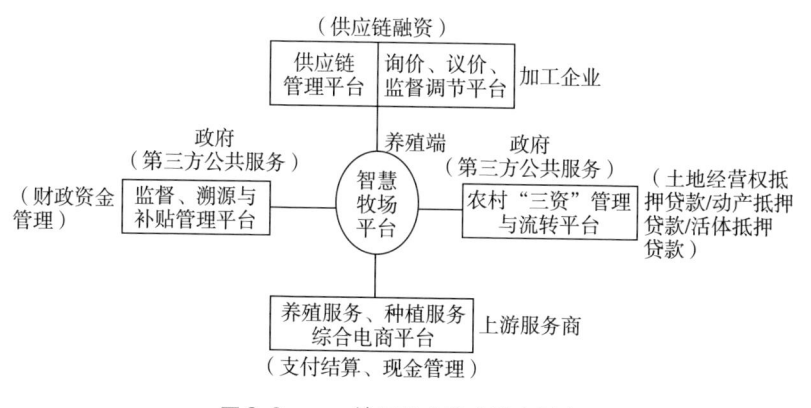

图3.3 ××地区奶业综合服务平台

第二，××地区奶业综合服务平台是资源互通、功能协整的平台体系。

以产业前端的信息化、智慧化为切入点，将养殖端客户引入平台。在这个核心平台的基础上，可以建立完善市场机制的五大平台，从而围绕养殖端将产业链条的各方主体纳入平台体系中。具体包括：一是上游产业链供求市场电商平台，它的功能在于完善产业前端的市场体系；二是生鲜原料奶价格交易与管理平台，它的功能在于调整产业链条中关键主体的利益关系；三是养殖、加工环节的供应链管理平台，它的功能在于提升产业链条中核心供应链的运行效率；四是养殖与种植环节的资源与资产管理平台，它的功能在于强化产业链中资源、资产的价值创造能力；五是监管、溯源与补贴管理平台，它的功能在于强化政府对产业标准化、产业扶持等领域的支持力度。

第三，中台建设和运营管理是平台成功的关键。

前台流量引入是平台成功的基础，但平台的成功关键在于中台建设以及日常运营。产品和服务是平台运行的基本内容，但产品和服务都建立在数据中台建设的基础之上。大数据中台建设是平台成功的关键。大数据可以来源于外部公共数据的引入，但关键在于平台交互内生的数据资源。建立起平台内生数据资源的提取、加工、管理、利用的体系，是大数据中台建设的核心内容，也是平台运营的中枢。

第四，现有平台的整合是平台建设的基本路径。

××地区奶业综合服务平台，基本功能架构可以设定为"智慧牧场平台体系——上游产业链供求市场平台，生鲜原料奶价格交易与管理平台，资源与资产管理平台，监管、溯源与补贴管理平台"的六大平台体系。在这个庞大的平台体系建设过程中，实施策略和实施路径与平台设计同样重要。

从实施策略来看，各种内外部相关平台的整合是基本策略，比如龙头企业的供应链系统、智慧牧场系统的整合，其目的不仅是利用现有资源，也是消除阻力的方法。但是个体的现有系统并不能代替产业平台的共享价值。只有从全产业的视角来对相关系统进行整合，才能实现产业平台构建的整体价值，享受平台模式的共享经济红利。

第五，要以平台建设为后续平台建设创造条件。

尽管平台功能设计可以分为"一核—五辅"的平台体系，但不同的子平台建设的难度差异很大，原料奶价格谈判和管理平台建设触及产业发展的核心，非常关键，但也正因如此，这也是最难的部分，所以可以在最后实施。

事实上，当平台掌控了流量和交互，并积累了数据，那么平台与龙头企业的力量对比就将发生重大的变化，彼时相关平台建设也会水到渠成。智慧牧场（养殖场）平台是基础也是核心，同时也是最容易被产业接受的版块，需要最早实施；而补贴管理则是另一个相对容易实施的部分。

第六，金融产品和服务要有机地嵌入场景和交易流程当中。

平台是以政府视角从全产业发展的角度来设计和运行的，银行作为平台的实际设计者、承建方，如何处理金融与产业的关系就显得尤为关键。金融作为产业发展和产业链条运行中的要素，要有机地嵌入具体的场景和产业交易链条当中。金融产品和服务布设主要源于平台运行的内在需求，避免为金融而金融进而弱化产业功能的趋向。具体而言，不同平台嵌入的直接金融服务包括：上游产业链供求市场电商平台——支付结算与现金管理，养殖加工环节的供应链管理平台——供应链金融，养殖与种植环节的资源与资产管理平台——土地经营权抵押贷款、动产抵押贷款、活体抵押贷款，监管、溯源与补贴管理平台——财政存款、银行卡业务。

当然，直接金融服务还可以带来大量客户以及间接业务发展，比如对个人客户的综合金融服务，也包括对产业链条中的投资金融服务。但是这些业务并不属于平台金融的范畴。

第 4 章 平台银行的运营：需求、价值与交付

传统银行的运营是与银行渠道数字化相适应的体系。
不过，随着以大数据、云计算、人工智能为代表的
金融科技应用的日趋成熟，
平台商业模式与全面数字化的平台运营相结合成为可能，
平台银行正从一种业务模式、商业模式走向全新的银行形态，
一场银行革命由此开启。

传统银行是以资金资源获得性为诉求的、
适应低频业务的运营体系。
与之相对应，平台银行是以用户体验为核心的、
适应高频业务的运营体系，其本质上是以用户体验为核心的、
适应高频业务的数据运营体系。

第 4 章　平台银行的运营：需求、价值与交付

平台银行运营是以智能化为特征的全面数字化运营

平台银行是平台社会中的银行形态，它是在经济社会生活高度互联网化的背景下产生的。为了适应高速运转的社会生产生活链条，银行将自身的服务嵌入社会生产生活的交易环节中，银行服务开始与大量的非银行场景服务相融合。在这种情况下，银行服务具有了新的特征，即银行业务发展的跨界、高频以及交互特征。显然，为了适应上述特征，银行的运营体系也必然是高度依托互联网的、数字化的体系。

不过，需要明确的是，对于银行而言，数字化是一个历史性的概念。可以说，现代银行史就是一部科技应用将银行数字化不断推向深入的历史。20 世纪 50 年代的磁条技术催生了信用卡；60 年代的计算机、通讯、机电一体化技术产生了银行 ATM；而 70 年代的集中清算和 SWIFT 系统、信用打分、客户评估、自动转账服务，则与数据库、存储器技术密不可分；80 年代的网上银行、数据集中、金融市场高频交易，又与大型计算机、远程通信、数据库分析、互联网、图像处理等领域的技术进步有关。从这个意义上看，银行其实始终处于数字化的历史轨道中。因此，我们在强调运营数字化对于平台银行的关键意义的时候，更需要进一步明确与平台银行有效运行相对应的"数字化运营"的具体含义。关于这一点，我们有必要阐释一下银行业数字化的历史。

总体而言，国内银行业数字化过程主要经历了 3 个历史阶段：

一是银行会计电算化阶段。这一阶段以电子计算机应用为主要特征，其核心内涵在于账务的计算机处理代替传统人工处理。大约在 1995 年，部分银行开始尝试联行报单、银行汇票签发的微机处理，重要凭证也进入微机管理。而到了 2000 年前后，银行计算机运用已经由储蓄、会计等柜面业务和后台核算业务扩展到信贷统计、资金调拨、客户数据库、信贷台账等领域。

二是数据大集中以及网络银行发展阶段。这在后台表现为银行通过构建集中式数据中心将分散于各分行的数据进行集中。中国工商银行于 1999 年 9 月 1 日正式启动数据集中工程，开中国大型商业银行大集中之先河。数据集中与核心系统建设，为国内银行业信息化、数字化奠定了基础。之后，以工行为代表的主要银行，还推进了异地多中心的灾备工程，进一步确保了银行业务的连续性。而在前台，国内银行的数字化主要表现为电子银行、电话银行、手机银行、自助银行等电子渠道的发展。1999 年，招商银行推出"一网通"，国内银行业开始逐步进入网络渠道时代。经过近 20 年的发展，包括手机银行、网络银行、自助银行在内的网络渠道，已经成为当前国内银行的主流渠道。

三是新时期金融科技创新浪潮引发的数字化进程。大约在 2016 年，以区块链概念成为热点为标志，包括大数据、云计算、人工智能、物联网在内的金融科技为行业所瞩目。经过一段时间的理解和吸收，国内主要银行都开始制定明晰的金融科技战略和数字化战略，来推动金融科技应用的落地。

2017 年，建设银行历时 6 年，完成了具有企业级业务架构的新

第 4 章 平台银行的运营：需求、价值与交付

一代项目建设，为建设银行的数字化和智能化发展奠定了 IT 基础。2018 年，建设银行发布"TOP+"金融科技战略规划。T 为科技驱动，以技术和数据为双要素双轮驱动；O 是能力开放；P 代表平台生态；+是培育鼓励创新和支持创新的文化。2018 年，建设银行在国有大行中第一个成立金融科技子公司。

2018 年，中国银行宣布"1234"数字化发展之路：以"数字化"为主轴，搭建企业级业务与服务两大架构，打造云计算、大数据、人工智能三大平台，聚焦业务创新发展、业务科技融合、技术能力建设、科技体制机制转型四大领域。

2019 年，工商银行发布 ECOS 工程。E 是 Enterprise-level，代表"企业级"；C 是 Customer-centred，代表"以客户为中心"；O 是 Open，代表"开放融合"；S 是 Smart，代表"智慧智能"。

2020 年，农业银行提出信息科技"iABC"战略，即智慧（intelligent）的农业银行（ABC），我（i）的农业银行（ABC），融合（integrated）的农业银行（ABC），科技助力（impetus）的农业银行（ABC）。"iABC"战略是包括七大技术、五大支柱、六大中台、两大保障的数字化战略体系。①

---

① "iABC"战略中的七大技术，从大数据服务体系、云计算技术能力、人工智能基础能力、分布式架构研发和应用、区块链技术创新、信息安全技术实力、网络技术创新力度 7 个方面锤炼金融科技关键技术。五大支柱，以用户为中心，赋能产品、场景、数据、风控、渠道五大业务领域。六大中台，选择重点业务领域试点构建企业级业务架构，打造好数据、信贷、开放银行、零售营销、对公营销和运营六大中台。两大保障，一方面从安全生产、信息安全两方面着手，保障安全与创新的协同发展；另一方面重点从组织架构、管理机制、管控流程、合规体系、人才队伍建设五大方面不断优化 IT 治理架构，为全行信息化建设提供有效保障。

与前两轮数字化不同，本轮数字化具有了鲜明的智能化特征，其影响更为深远。如果说，在会计电算化时代，数字化带来的是银行在内部账务处理环节以及个别产品介质的信息化；在电子渠道数字化阶段，银行运营体系的变革则发生在转账汇款等交易性业务的线上化以及核心业务部分流程的线上化（比如信贷的线上审批流程）；那么，在新一轮金融科技创新浪潮的推动下，随着线上智能风控能力的实现，银行的运营已经具备了完全线上化、平台化的可能性。

首先，2019 年 5G 商业化应用落地，高速率、大容量、低时延的 5G 网络的布设为人工智能、物联网等技术的发展奠定了网络和数据基础，加速了相关技术的成熟和落地。其次，金融科技融合发展加速。云计算、大数据、人工智能和区块链等新兴技术并非彼此孤立，而是相互关联、相辅相成、相互促进的。大数据是基础资源，云计算是基础设施，人工智能依托于云计算和大数据，推动金融科技发展走向智能化时代。区块链为金融业务基础架构和交易机制的变革创造了条件，它的实现离不开数据资源和计算分析能力的支撑。最后，从应用前景看，大数据、云计算、人工智能、物联网、区块链等技术的融合应用，可以使银行具备线上客户识别、反欺诈、智能营销、大数据产品创新、大数据风控以及智能化客服等能力。

总体而言，平台银行实践对应的是国内银行数字化的第三个阶段，即和新时期金融科技加速创新相一致。这不是偶然的。事实上，平台化的商业模式，在阿里跨界金融那一时刻就产生了。但彼时大数据、人工智能等科技在金融领域的应用尚不成熟，平台商业模式只能对接与渠道相适应的运营体系或者说平台化只能支持交易业务以及渠道型业务，这也是为什么阿里跨界金融，主要在移动支付和互联网理财领域产生实质影响的根源。不过，随着以大数据、云计算、人工智能为代表的新一轮金融科技应用的逐步成熟，银行全部业务的线上化和平台化经营成为可能，在这种情况下，平台商业模式与平台化运营的历史性统一就成为现实，于是平台银行就从一种业务模式、商业模式创新走向全新的银行形态，一场银行革命由此开启。

不过，我们需要看到的是，银行业对于新一轮金融科技的应用实践，还处于初步阶段。因此，从平台银行运营角度看，平台银行实践也刚刚开始。相对于商业模式构建，以智能化为特征的全面数字化运营还是一个难点，它依赖于新时期金融科技自身的成熟，也依赖于金融科技应用所带来的银行运营的深度互联网化。对此，我们将平台银行的运营划分为3个层次，并展开论述：一是前端交互层，包括基于场景的产品交互、风控管理等内容；二是中间运营层，主要包括业务中台、数据中台以及技术中台在内的中台交付层；三是运营的基础层，包括数据治理、IT及其架构。详见图4.1。

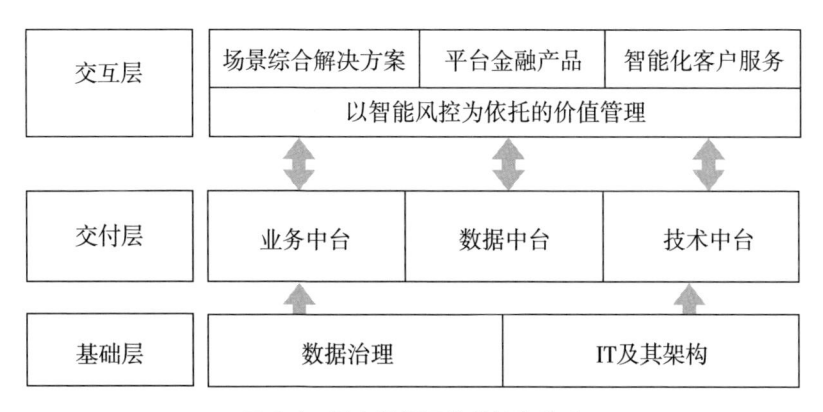

交互层	场景综合解决方案	平台金融产品	智能化客户服务
	以智能风控为依托的价值管理		
交付层	业务中台	数据中台	技术中台
基础层	数据治理	IT及其架构	

图 4.1 平台银行运营的结构体系

以场景为背景的产品与服务的交互体系

平台银行以场景的形式向用户（客户）提供产品与服务，而用户（客户）则向平台银行交付价值。在这一持续的交互过程中，客户体验扮演着关键角色，其根本原因在于平台银行是在银行业务发展高度脱媒背景下产生和发展起来的。不过与当前银行在互联网服务中提升客户体验的方法不同，平台银行经营中的客户体验改进，更多来自特殊的商业模式、业务模式以及金融科技的应用给平台银行运营体系带来的结构性变化，而非主要来自所谓系统的迭代升级、简单的流程改进。具体而言，围绕着用户（客户）的需求，平台银行首先呈现三大交互体系，它们构成了平台银行的业务前端系统。

致力于提供综合解决方案的场景服务

传统银行的运营体系以产品为核心，但在平台银行的运营体系中，服务的意义将得到进一步强化。这里的服务并不是信贷产品供给过程中的服务，而是基于场景和平台，银行提供的综合解决方案。与场景的深度融合，是平台银行运营的突出特点。也正因为如此，平台银行综合解决方案的输出，使平台银行相较于传统银行，具有更强的获客与活客的能力。具体来看，平台银行基于场景所提供的综合解决方案，具有以下几方面的特征：

一是金融服务与非金融服务的融合。非金融的场景服务，是平台银行商业模式的基石，正是场景化非金融服务与场景化专业金融服务结合，形成了对于用户（客户）的一站式解决方案。

二是线上方案与线下方案的融合。在以智能化为特征的互联网时代，社会生产生活的运行将实现线上和线下的有机融合，线上与线下的界限将消失。因此，平台银行并不单纯是基于互联网的大数据平台，还是现实生产生活的指挥中枢。在这种情况下，平台银行的非金融服务，既要包括线上信息流和资金流的循环，还要匹配线下的生产、物流、消费等现实环节运转。当然，这里平台银行扮演着生态组织者的角色，并非指银行自身去从事相关的服务工作。

三是金融服务内部，各种业务和产品的整合。这里不仅包括银行自身的支付、结算、信贷、投资等服务内容，也包括非银保险等业务内容。正是这些综合化的金融服务，使社会生产生活各链条的运行得到金融的润滑。

依托金融科技的金融产品创新

平台银行与用户（客户）进行持续交互的第二个体系是产品及其创新体系，这也是平台银行综合解决方案配置的基础。

相对于传统银行，平台银行具有自身独特的产品体系，这种独特性体现在平台银行产品的平台化特征上。具体而言，它是金融科技属性、互联网属性、线上与线下相融合等属性的综合。正是这些属性，使平台银行产品供给可以适应平台银行业务高频化、客户全量化的发展趋势。平台银行应用金融科技进行产品创新的基本方向有3个：

一是基于平台场景进行的大数据金融产品创新。

当前，一些银行加大了对大数据产品的开发，建设银行基于税务大数据开发的"云税贷"、基于企业客户用电数据开发的"云电贷"就是这类产品创新的有益尝试。但需要看到的是,上述数据的类型维度还比较单一,数据的获取还没有真正根植于场景的内生性,本质上还是较为简单的白名单制,其发展并不具有可持续性。因此,上述产品创新还不是与平台银行相匹配的产品创新模式。

相对于上述大数据产品创新,平台银行大数据产品创新的优势在于场景为银行洞察客户提供了条件。银行不仅可以整合既有的关于客户的基本信息、财务信息、信用记录等高强度信息,而且可以获取关于客户的交易信息、行为信息,并由此形成关于客户的360度画像。不仅如此,基于交互的持续性,平台银行还可以实现对客户的长周期管理,从而构建起四维空间的洞察体系。在这种情况下,银行的大数据产品创新将获得前所未有的力量。

另一方面,我们需要看到的是,在平台银行的业务模式中,客户在享受场景化的综合解决方案的同时,也将自身嵌到平台所构建的场景链条之中。因此,客户在平台上可以享受到的各种潜在利益实际上成为平台银行产品的抵质押物,它为平台银行广泛开展大数据产品创新奠定了基础。

二是依托金融科技应用推动线上供应链金融产品创新。

供应链融资一般具有3种基本模式,即采购阶段的预付账款融资模式、运营阶段的动产质押融资模式、销售阶段的应收账款融资模式;相关风险控制方式分别为仓单质押、动产质押以及应收账款单据质押。相对于一般性融资贷款,供应链金融改变了银行的信用管理思路——从对企业个体的信用考察变为对供应链体系的整体考察,扩大了银行可授信的企业范围,对供应链上的中小企业是重大利好;但对于高频、小额,以交易金融特征呈现的供应链融资,高昂的运营成本又束缚了其发展。对此，线上供应链融资成为新发展趋势。线上供应链融资实现了抵押存证的数字化，同时也实现了业务流程的线上化、自助化，它为突破供应链融资的运营成本瓶颈提供了基础。

不过，在平台银行相关产品创新中，不仅要实现业务流程的线上化，更需要通过金融科技的应用，进一步提升线上供应链融资的运行效率和信用管理水平。比如在"区块链物联网动产质押融资"[①]中，相关平台可以通过对物联网的应用，实现设备数据采集、仓库监控、押品监控、预警监控，从而使押品管理从人为的主观信用转化为客观信用，最大程度上规避了仓储监管机构的道德风险。

另外，平台还应用区块链的分布式记账技术将物联网感知的押品信息、预警信息等进行储存，防范数据被篡改。而押品存证与押品之间紧密关联，动产占有权的转移需经多方确认，相关过程通过区块链的智能合约来触发，这不仅提高了业务流程的智能化水平，也进一步提高了交易流程的客观性。

三是通过金融科技的应用实现对传统抵质押产品和抵押方式的改造。

近些年，随着银行对一些特殊市场的开拓，动产质押的业务范围不断扩大。而在动产质押中，在政策支持下，活体质押更是一类创新性业务。在此背景下，牛、马、猪等牲畜进入有效抵押品的行列。

---

① 张正平，马彦贵. 我国区块链+供应链金融的发展：模式，挑战与对策［J］. 金融发展研究，2020（8）.

一般情况下，上述产品创新主要基于最高额浮动抵押制度设计与智能化的实物监管的结合。银行通过浮动抵押机制将牲畜的生老病死纳入抵押框架内，并通过抵质押率对最高贷款额进行限定，同时通过物联网平台实现对活体的生物识别和实时监控。上述制度体系与技术手段的结合，并辅以银行对客户账户、资金流向、声誉等角度的风险监控，可以进一步扩大动产抵押业务的范围。同时，它也将平台银行模式通过智慧牧场等桥梁，与传统的项目贷款业务相联系，丰富了平台银行的业务范围。

强化情感交互功能的智能化客户服务

平台化的商业模式、平台化的经营管理，是平台银行的基本特征。与上述内容相适应，平台银行也需要建立起平台化的客户服务体系。它是平台银行与用户（客户）直接交互的重要方式，是平台银行获客、活客的重要手段，同时也是平台银行场景方案供给、金融产品创新等交互形式的重要基础，更直接关乎平台的客户体验。总体而言，平台客户服务体系承载几项功能：一是用户（客户）服务，对用户（客户）提供咨询服务、售后服务；二是辅助产品创新，为产品创新和服务提供客户需求反馈；三是客户营销，通过数据分析主动营销，实现获客、活客功能。

传统上，平台商业模式采用呼叫中心来进行客户服务，其运营基本依赖人工，受座席数量及业务服务类型限制，极易出现客户长时间排队等待或呼损情况，存在运营成本高、服务效率低、客户体验差、对产品创新和营销支持不足等问题。

与之相比较，智能客服系统采用机器学习、语意分析、语音交互等先进技术,为客户提供 7×24 小时无间断、快速、准确的智能交互服务。目前,人工智能技术已经在诸多客户服务领域得到应用,[①] 包括:

一是智能导航。在客户拨打客服热线后只需说出关键词,系统通过智能语音识别技术,即可自动识别、判断并调出对应自助语音服务节点。

二是智能问答。针对大量且简单重复的对话场景,由系统实现自动外呼和智能问答。

三是座席助手。通过系统实现来电节点及原因自动归档,工单自动录入,营业部信息自动调出,短信自动录入。

四是智能运营监控。实时监控智能外呼平台和呼入平台状态,实时监控机器人智能问答中客户不满意的记录及未能解答或卡壳的问题点,及时更新、完善问答库,实时监控重大违规点,实时监控工单系统。

五是智能知识库。建立知识的智能搜索体系,支持座席自行设置风格。

六是智能语音质检。通过语音识别、关键词检索、音频对比、情感识别等技术,将呼叫中心的通话录音进行语音转文本的处理,针对业务话术用语、礼貌用语、禁忌语等关键词的设置对座席人员的通话内容进行分析。

---

① 刘佳,陈爽,赵清静. 浅谈金融科技在客户服务中的应用:关于智能客户服务体系的新探索 [EB/OL]. (2020-06-24) [2021-03-19]. https://www.weiyangx.com/362827.html.

随着人工智能技术的发展，近几年平台商业领域出现了用智能客户服务系统代替人工的趋势。2018年下半年，五大国有银行和12家全国性股份制商业银行，都上线了智能客服系统。而在这之后，一些中小银行和城商行也开始布局智能客服系统。不出意外，一些银行出现了传统客服部门人员缩减的趋势。

不过，与应用者对智能客服未来的言之凿凿相比，普通消费者的感受却没有这么乐观，银行也好，电商也好，很多平台的客户电话变得越来越难打，和机器人客服交流的过程简直就是一个灾难。对于这种情况，开发者往往以人工智能需要数据训练为托词，认为这样的过程是一个暂时的过程。但问题在于，一个非垄断的平台，这样的过程足以将流量赶跑。

从根本方向来看，人们生活越是互联网化、智能化，客户服务的互动性、情感性就越重要，人们交流的情绪性的价值也越来越凸显。从这个意义上看，机器人客服不是要代替人来施行平台服务，而是实现人工智能与人的结合，在更高的服务效率中，保留人们交互中的情绪、情感需求。

以大数据风控为基础的智能化价值管理体系

场景综合解决方案、平台化金融产品以及智能客服，是平台与用户进行交互的基本内容，但就平台银行的内部经营管理而言，平台与用户交互的背后则是以风险防控为基础的智能化价值管理过程。我们知道，高频化、线上化、场景化是平台银行业务的基本特征，相应地，这样的业务模式特征也使平台银行的风控具有了自身的特殊性，具体而言，它表现在：

一是风险结构的变化。低频化、长周期的项目信贷在传统银行的业务体系中占有重要地位，因此，防控周期风险是传统银行风控逻辑的重要出发点。但在平台银行的业务结构和业务模式下，银行所面临的周期性风险大为减弱，取而代之的是由于线上经营所带来的欺诈风险，尤其是有组织、产业化、科技化的黑产对银行线上经营的冲击。

二是风险防控思路和手段的变化。一方面，周期性风险的减弱，使对抗周期性风险的传统的抵质押风控思路失去了意义，在这种情况下，银行风控的视角，就可以从兼顾环境风险和客户本身风险彻底转到对客户本身的了解上；另一方面，平台和场景对数据的生产，也为平台银行洞察用户（客户）提供了基础，银行可以通过对用户（客户）行为、交易等数据的分析来控制风险。

三是独特的风控诉求和着力点。传统银行的风控，对时效性要求并不高，对风险的关注也远大于对客户体验的关注。但作为一种配合社会生产生活高速运转、将自身服务嵌入场景之中的银行形态，平台银行的风控则需要具有即时响应的特征。在线化、数字化、智能化是平台银行风控的基本特征，而实现客户体验与风控的平衡，则是平台银行风控与传统银行风控在理念上的最大区别。

由此可见，以中长期项目贷款为主、高度依赖抵质押手段、业务响应缓慢、不重视客户体验的传统风控模式，并不能适应平台银行的运营要求。相应地，平台银行需要构建起以大数据风控为核心的运营体系。

大数据风控是由金融科技创新所催生的新的风控思路和模式，其核心理念在于通过大数据核心算法和模型，在收集各种维度数据基础上，对风险进行识别和控制。

一方面，银行利用大数据技术整合海量数据，包括银行内部的数据和外部机构的数据，从多维度对客户进行全面评估，极大地提升了客户评估的精准度，促使传统模式下难以度量的风险显性化。另一方面，大数据与人工智能技术凭借强大的计算能力和先进的模型算法对海量数据的整合、分析，改变了传统风控事后分析的工作方式，建立了主动、实时响应的工作机制。[1]

从流程环节看，大数据风控包括风险识别、计量、分析、处置等环节。而从应用上看，主要在3个领域：一是反欺诈，大数据风控体系挖掘用户的行为特征、用户关联特征等异常事件，并结合IP、位置等信息，分析潜在的欺诈风险；二是信用风险防控，目前广泛使用的信用风险防控应用有客户画像、智能审批、智能催收、风险预警等；三是操作风险防控。通过智能化大数据风控体系，实现对洗钱、内部人员操作失误等操作风险事件进行管控。

需要强调的是，平台银行的大数据风控体系与当前一些银行的大数据风控实践并不完全一致，从平台的特性来看，平台银行的大数据风控需要解决3个问题：

第一，风控体系的智能化水平问题。

这取决于4个要素：一是自动化，数据自动采集，评级自动生成，流程自动控制，策略自动匹配；二是实时化，实时采集，实时计算，实时风控；三是精准化，精准洞察风险，精准识别风险，精准配置策略；四是自适应性，自我学习，自我演化迭代。总体而

---

[1] 刘刚. 大数据时代智能风控体系建设实践［J］. 中国金融电脑，2018（8）.

言，当前中国银行业的风控模式进化正从"行内数据+专家经验"阶段向"大数据和人工智能"的应用阶段迈进。智能化水平尚处于初步阶段，智能化水平的进一步提升还有赖于全社会大数据基础设施的完善以及人工智能的深度应用。

第二，风控与业务的深度融合问题。

在传统银行的业务体系以及"总分—条线"管理体制下，风险管理与业务发展在一定程度上是分离的。其一，项目贷款为主的业务流程中，客户和业务管理部门是产品和业务创新的发起者，风控部门是相关流程动作的受动者、传动者；其二，在组织设置上，风控部门与业务部门分设，风控部门扮演着服务者和管控者的角色；其三，在职能目标上，风控部门的直接目标体现对资产质量目标的追求，而业务部门则以业务绩效的最大化为目标。但在平台银行的业务体系中，由于业务属性的高频性、客户服务的智能化特征，平台银行业务发展与风险防控在业务流程上相分离的状态就不复存在了。反欺诈、客户准入、额度授信与风险定价、监控预警、智能催收等智能化风控操作就成为业务动作本身。在这种情况下，平台银行就需要建立起实现风控与业务发展相融合的体制和机制。

第三，风控与场景的融合问题。

数据是中性的，决策树、朴素贝叶斯分类、逻辑回归、线性回归、随机森林……这些算法本质上是工具和方法。对于同样的数据，不同的工具和方法，其解读是多角度的，结果呈现也会千差万别。在这种情况下，风控决策不仅需要工具，还需要深刻洞察业务和产品所处的场景。它不仅为平台银行的大数据风控带来了隐性的违约成本（丧失平台服务），也为平台风控提供了基本的逻辑思路。

"花呗"产品设计之初,其风控充分利用阿里巴巴的海量交易数据,它的底层逻辑是马斯洛需求理论:生理的需要,安全的需要,情感的需要,尊重的需要,自我实现的需要。[①] 在这套理论下,买同样金额的柴米油盐和鱼竿、单反获得的模型评价是不一样的,而且平台监测的不是用户单次购买行为,而是其消费习惯。显然,消费场景逻辑奠定了"花呗"起步时风控的主线。

从根本上说,作为一种银行形态,平台银行要解决上述 3 个问题,实现向用户(客户)提供基于场景的智能化服务,关键在于平台银行风控对自身职能本源的回归,即平台银行的智能化风控体系,是一整套价值识别、管理的体系。

从理论上说,银行作为经营风险的特殊机构,对风险的识别、管理以及由此对资金和服务的配置是银行创造价值的形式。但由于业务流程、组织设计、职能设定的原因,当前传统银行的风险管理与业务背后的价值流转结合得尚不紧密。

不过,在平台银行业务逻辑下,风险管理与业务流转高度融合。在这种情况下,风险管理就需要回归到价值识别、管理的本源。在实践中,平台银行的智能化风控体系,要围绕经济增加值(EVA)、风险调整资本回报率(RAROC)等要素,构建一整套关于客户、业务、产品的价值识别体系、评估体系、管理体系以及预警体系,从而驱动平台与用户(客户)交互的流转。详见图 4.2。

---

① 刘波. 花呗、微粒贷的风控逻辑主线是什么?[EB/OL].(2020-06-30)[2021-03-19]. https://xw.qq.com/amphtml/20200630A0B7NC00.

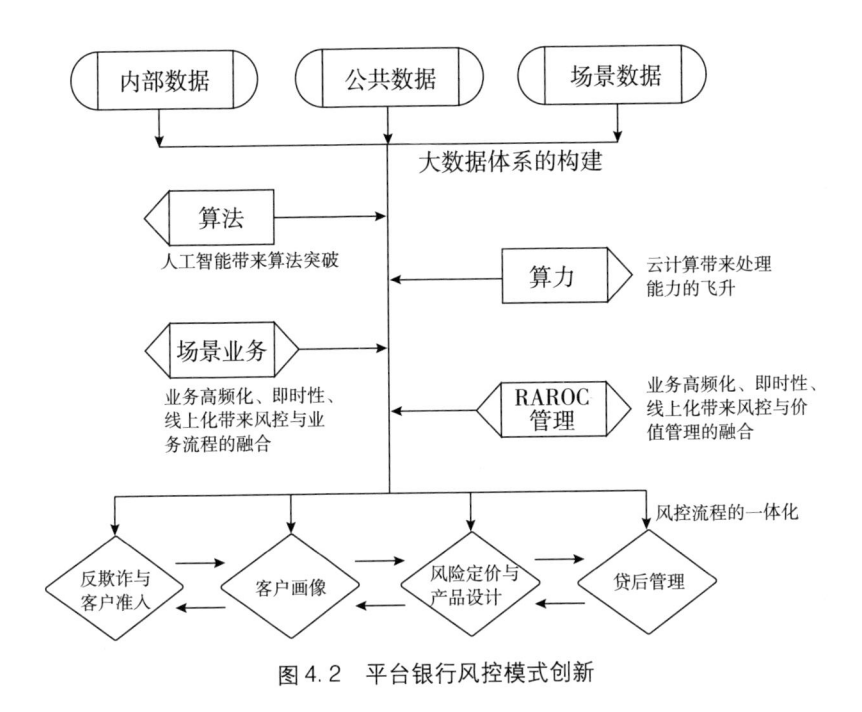

第 4 章 平台银行的运营：需求、价值与交付

```
┌──内部数据──┐  ┌──公共数据──┐  ┌──场景数据──┐
└─────┬────┘  └─────┬────┘  └─────┬────┘
      │             │             │
      └─────────────┼─────────────┘
                    │  大数据体系的构建
      ┌─算法─┐
      └──┬──┘  人工智能带来算法突破
         │              ┌─算力─┐   云计算带来处理
         │◄────────────►└──┬──┘   能力的飞升
      ┌场景业务┐
      └───┬──┘  业务高频化、即时性、
         │    线上化带来风控与业
         │    务流程的融合
         │           ┌─RAROC─┐  业务高频化、即时性、
         │◄─────────►│ 管理  │  线上化带来风控与价
         │           └───────┘  值管理的融合
         │
   ┌─────┼──────┬──────────┐   风控流程的一体化
   ▼     ▼      ▼          ▼
┌反欺诈与┐ ┌客户画像┐ ┌风险定价与┐ ┌贷后管理┐
│客户准入│ │       │ │产品设计  │ │       │
└───────┘ └───────┘ └─────────┘ └───────┘
```

图 4.2　平台银行风控模式创新

也就是说，平台银行的风控体系建设，其归宿在于建立一套价值流转的体系，平台银行风控体系输出的是对平台银行交互价值的量化判断。具体而言，平台银行要在智能化风控的基础上，通过对预期 EVA、预期 RAROC 等变量的计量、评估，有机地将预期利润、风险定价、资本成本（非预期风险成本）、发展战略（通过经济资本计量中的权重机制来实现）等要素融合在价值判断体系中，从而对用户（客户）、产品、业务的流转提供智能化的决策依据。

以大中台建设为支撑的敏捷交付体系

敏捷交付在平台银行以智能化、线上化为特征的运营体系中，具有关键性意义。不过，这种敏捷性，并不单纯依赖流程的优化，而是更多来自运营逻辑架构及其理念的变革，来自技术的工具化、数据的资产化、业务的集成化，来自技术、数据、业务与交互的高度融合。具体而言，平台银行的敏捷性来自大中台体系。

近几年，中台建设已经成为行业热点，但这其中却存在诸多的误区。事实上，唯有从战略上明晰大中台建设与平台商业（在银行业就是平台银行）的一对一的适配关系，我国银行业的中台建设热潮才能真正发挥其效力。

"中台战略"是阿里巴巴在2015年率先提出的概念，而到2018年，阿里巴巴已经通过阿里云对外开放"中台"，中台建设已经成为阿里云重要的业务内容。而2019年更是被业界称为"中台"元年。当前，"大中台"战略已经日益为企业界，尤其是平台商业和银行业所瞩目。

不过，对于我国银行业而言，推行"大中台"战略，却有几个问题需要厘清，银行业的运营，以前、中、后台体系为基本特征，那么在这种情况下，银行为什么还要推行中台战略呢？在已经搭建了数据仓库、数据集市、数据湖、大数据平台后，作为重要的中台建设内容，银行为什么还要提出建设数据中台呢？其目的何在？在现实中，不同银行的大中台战略，其内涵千差万别，造成这种情况的原因是什么？

对上述问题的讨论，有利于我们加深对大中台建设内涵以及大中台建设意义的理解。

首先，尽管一些银行建设有数据仓库、数据湖，但上述工作的目的更多是为管理层决策服务，而不是为前台的业务和服务直接提供支撑。数据的角色还是一种"原始资料"，还未加工成为可以直接为一线所用的"数据资产",本质上相关工作扮演的还是报送数据的后台角色。从这个意义上讲,大中台战略,具有将数据部门从后台转型为中台的含义。

其次,尽管传统银行基本上都是前、中、后台的运营体系,但相关体系是以线下逻辑为主线,随着银行线上业务的快速发展,传统银行需要建立起适应线上业务实时、高频特征的中台体系,其本质是配合业务模式创新所进行的中台逻辑的切换,即支持业务线上化、自动化、智能化的相关中台体系的发展,这是大中台战略的第二层含义。

最后,近几年一些领先银行积极推进数字化经营,但在拓展不同的线上场景的过程中,这些银行需要把一些通用性强的技术能力、业务能力、数据能力作为中台沉淀下来,以便在场景拓展中能够实现敏捷交付与共享复用,其本质是将分散的业务实践,通过中台的形式封装起来,这是大中台战略的第三个含义。

正是由于行业内不同银行数字化进程的明显差异,使大中台战略具有了不同层次的含义,也使不同银行大中台实践呈现出极大的差异性。不过,尽管这种基于起点的差异决定了中台建设任务的不同,但对于银行领域的大中台战略本身,其对应的银行形态,却是唯一的。也就是说,大中台战略只有在平台银行体系中,才能实现其价值。

一方面,平台银行业务的高频性、实时性以及对不同场景的渗透,需要大中台对技术、业务、数据能力的沉淀和封装,需要数据成为与业务紧密相连、随时敏捷供给的数据资产。另一方面,平台银行的业务特征和运营体系,也为大中台发挥技术、数据、业务的集成优势和敏捷交付优势创造了条件。事实上，大中台战略就是产生于阿里电商平台。由此可见，无论是事实还是逻辑，都表明一个问题——大中台战略与平台模式是相生相伴的。从这个意义上看，没有全面数字化战略做支撑，没有平台银行模式做依托，行业里热议的大中台战略，的确容易演化为"皮之不存，毛将焉附"式的战略陷阱。

从本质上说，大中台战略是银行数字化过程中银行运营体系所进行的变革，而大数据、云计算、人工智能等金融科技的应用，则为上述变革注入革命的意义。它将传统银行的运营推向线上化、智能化、敏捷化的平台化运营。总体而言，平台银行"大中台"建设应该包括 3 个部分的内容：

一是技术中台建设。所谓技术中台，是指通过对研发、交付、运行所依赖的技术，如分布式、大数据、人工智能、区块链、移动互联等进行集成、封装，向技术人员、业务中台和数据中台运营人员、生态合作伙伴提供技术基础能力快速供给的中台体系。其核心宗旨在于通过中台建设，持续沉淀、积累技术能力；屏蔽底层存储、计算、网络等基础设施复杂性，促进技术与业务的融合；促进技术共享，避免重复开发，提高应用交付效率和质量。

二是数据中台建设。所谓数据中台，是由数据治理规范、特定的工作机制以及特定系统平台组成的通用数据能力载体。与平台银行相对应的数据中台要实现两项基本功能，其一是对前端业务交互提供的数据赋能，通过数据对业务流程的嵌入，实现对业务流程的价值管理；其二是对基础数据进行挖掘、加工，形成智能化数据产品，进而实现数据资料到数据资产的转变。当前，国内银行的数据应用还主要处在数据挖掘、预测分析、辅助决策的初期阶段，数据供给尚不能实现实时化，如何提升数据对实时业务的支撑，是平台银行构建的关键所在。

三是业务中台建设。所谓业务中台，是指围绕平台银行经营抽象出共性需求，在数据中台和技术中台支撑下，沉淀账户、支付、产品、营销等业务共性能力，打造快捷调取的通用服务模块，实现平台银行对不同场景的高效拓展和持续创新。

从三大中台的内涵不难看出，三大中台建设是一个整体，技术平台是基础，数据平台是核心，业务平台是应用，它们共同构筑了平台银行敏捷交付的中台体系。

以智能、实时、线上运营为导向的数据治理与 IT 架构

平台银行运营本质上是数据的运营，数据中台建设的意义就在于将数据与平台银行的运营连接起来。在这一过程，数据是否能够发挥相关作用，则取决于银行的数据治理水平。

按照中国银保监会的定义，数据治理是指通过建立组织架构，明确董事会、监事会、高级管理层及内设部门等职责分工，制定和实施系统化的制度、流程和方法，确保数据统一管理、高效运行，并在经营管理中充分发挥价值的动态过程。从技术角度看，数据治理主要包括元数据管理、数据标准、数据质量管理、数据集成、数据资产、数据交换、生命周期管理、数据安全、数据价值实现等内容。

作为一种未来银行形态，平台银行数据治理的内涵和重点与传统银行的数据治理并不完全一致，不过这种差异性主要缘于银行服

务进化历史进程的差异。总体来说，我国银行业的数据治理主要经历了3个阶段：

一是数据治理的数理统计阶段。

这一阶段，数据治理的意义在于通过数据统计，更加全面地展示银行的经营情况，从而为银行的经营决策以及满足监管要求提供数据支撑。在这一阶段，银行面临的主要问题是由于条线体制以及系统的分割所造成的数据孤岛、数据烟囱等问题。

目前，国内大多数中小银行尚处于这个历史阶段，据《中小银行金融科技发展研究报告（2019）》显示，有63.6%中小银行初步建立起数据管控体系和基础规范，但仍然有72.8%的银行存在部门数据沟通不理想，以及数据孤岛和数据烟囱等问题。不难看出，建立数据规范，打通数据孤岛，形成企业级数据体系是本阶段银行数据治理的主题。

二是大数据治理的挖掘应用阶段。

在这一阶段，由于大数据理念及其技术的引入，数据治理的范围和方法发生了重大的变化。大数据对数据治理的影响，表面上是数据规模、数据结构、数据来源上的重大变化，其背后则是数据管理模式、数据处理技术与能效、数据应用的逻辑和思维的重大变革。

在这种情况下，数据治理的意义也不再限于对经营决策提供辅助支持，而是直接参与到银行的经营管理中，例如银行通过对大数据的挖掘，推出大数据产品，挖掘高价值客户，提高经济资本精细化管理水平等。

在这一阶段，银行数据治理主要需要解决几个问题，包括数据的来源多样化问题、银行既有数据与外部数据的整合问题、大数据平台构建问题，以及建立大数据计量开发体系等问题。目前，经过几年的探索，国内的领先银行在大数据应用上，多处于这个历史阶段。

三是大数据治理的智能运营导入阶段。

在这一阶段，由于金融科技的深度应用，银行大数据治理开始与人工智能深度融合，数据作为一种资产，开始实时、自动、智能地融入银行与客户的实时交互中。银行数据治理的意义开始向支持银行服务的高频化、实时化、线上化迈进。

在这一阶段，银行数据治理主要需要解决几个问题：一是对机器学习等金融科技的深度应用问题，即如何建立银行的数据智能；二是数据治理的运营导向问题，如何通过数据中台建设，完善银行的数据治理，并将数据运营有机地嵌入银行智能化、实时化、线上化的服务当中。总体而言，目前我国银行业还没有真正实现这一阶段的数据治理水平（只是在部分头部互联网公司的一些金融实践中有所体现）。

不难看出，作为以智能化、实时化、线上化运营为特征的银行形态，平台银行数据治理主要对应的是上述演进过程的第三阶段，或者说，一个真正意义的平台银行需要数据治理实现对智能化、实时化、线上化运营的支持。

当然，大数据治理需要 IT 建设提供支撑。而对于平台银行的 IT 建设而言，IT 架构的变革是平台银行运营的另一个底层基础。当前我国银行业的主流架构是被称为"IOE"架构的集中式架构。

IOE 架构具有安全、稳定、影响可控等优点。但是这样的集中式架构适配的是传统银行业务模式。在面对平台银行海量客户、海量交易、海量数据的高频业务模式时，其弹性差、成本高的缺点就显露无遗。相比传统的 IOE 架构，云计算的优点是低成本，弹性计算，按需取用，避免平日业务量不多时系统冗余。

作为未来银行形态，平台银行需要 IT 架构充分实现互联网业务特性与金融特性的有机融合，即在实现金融业务的安全性和可用性的基础上，实现架构的高性能、高弹性以及低成本。总体而言，分布式 IT 架构是基本的趋势。详见图 4.3。

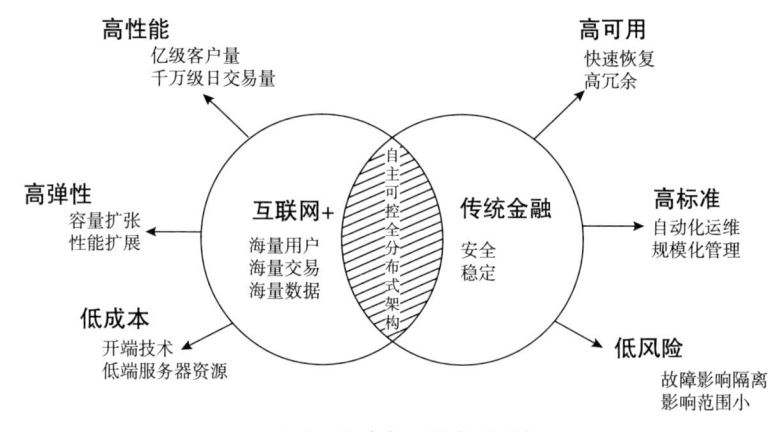

图 4.3 平台银行的架构选择

资料来源：李靖：未来的银行架构趋势：去 IOE 而且全面拥抱开源 [EB/OL]. (2016-03-14) [2021-03-19]. https//www.oschina.net/news/71490/future-bank-open-source.

第 5 章 平台银行的组织行为：价值重建与行为再造

传统银行的潜在危机在于，在传统银行框架下的数字化并不能自行导向关于平台银行的战略发展，这不仅在于数字化需要与平台商业模式相对接，更在于平台银行具有超越传统银行的价值、组织、机制框架。本质上，平台银行的上述体系是科技公司特性与传统银行框架融合与发展的产物，它决定了平台银行独特的经营逻辑和行为逻辑。深度服务、持续交互、生态杠杆是平台银行经营的真谛。传统银行向平台银行转型，要以生态价值最大化为价值导向，以生态和场景为依据，重构银行的经营管理体系，再造银行的组织特性以及内外部激励约束机制，构建起人机协同、技术与制度融合，全场景、全时效、全客户、全业务的银行体系。

第5章 平台银行的组织行为：价值重建与行为再造

持续交互、深度服务、生态杠杆的价值创造逻辑

价值观是一个哲学概念，是用以指导个人或组织行为的基本看法和行为导向。我们这里的银行价值观，是指用以指导银行获取盈利的基本理念与原则，它与银行的盈利模式相关，是对银行价值创造逻辑的观念总结。

和传统银行不同，平台银行具有自身的价值创造逻辑。为了更好说明这一点，我们从以下方面来进行分析：

第一，盈利模式的基础。

传统银行盈利的基础建立在资金资源的稀缺性上，正是资金的稀缺性，强化了银行在借贷关系中的主导地位，弱化了相关服务的时效和体验要求。本质上，资金的稀缺性与社会资本积累以及金融体系发育相关联，社会经济不发达，金融体系不完善，是资金资源稀缺性的历史和制度基础。

但在平台银行的历史范畴，社会经济高度发达，资金资源的总量供给不再是紧约束，银行的价值更多表现为对资源结构的配置价值。另一方面，随着直接融资的不断发展，银行产品供给更多体现为短期融资产品，银行的服务性进一步凸显。在这种情况下，服务的价值创造能力就成为特定历史阶段下的银行形态——平台银行的生存之本。

第二，盈利模式的核心逻辑。

在传统银行逻辑下，中长期项目贷款占据银行贷款的很大比重。这使负债、资产的期限转换成为银行经营的核心，负债资产错配，成为银行盈利的奥秘。但期限错配，需要银行有完善的抗周期风控能力。对此，传统银行通过3种措施来解决：一是通过抵质押操作；二是通过不同产业结构、地域结构、产品结构的多元化配置，提升银行抗周期风控能力（不同产业、地区、产品对周期的反应是不同的，甚至可能是反向的，银行借此消除周期的影响）；三是通过企业结构的选择，来抗拒周期的影响，传统银行更多将资源配置于抗周期能力更强的大型企业。

但在金融脱媒深度发展背景下，平台银行的经营失去了期限套利的优势。平台银行更多依靠持续性的服务为用户创造价值进而实现自身的盈利。这包括几方面的内容：一是提高用户的服务体验，强化智能化背景下情感的价值意义；二是通过金融服务的综合性提升价值创造能力；三是通过金融服务与非金融服务的一揽子解决方案赋予平台银行服务的增值性；四是通过提升对特定客户服务的频率和周转率来提升单一客户的价值创造能力。

与上述逻辑相适应的是平台银行风控策略的变化。在平台银行的风控任务中，周期的影响相对降低。而对平台客户的识别成为首要任务。具体而言，平台银行将银行与客户的借贷关系转变为持续的交互关系，从而使客户成为用户。持续交互的价值不仅在于它是平台银行获取客户的机制，更多在于它是平台银行风控的逻辑基础。

首先，持续交互对数据的生产以及平台银行对数据的运营，为平台银行洞察客户以及大数据风控奠定了基础。其次，持续交互，客户变用户，使平台银行生态成为用户赖以生存的条件。平台用户身份资格成为其违约的重大成本，这实际上提供了一种享受平台生态服务的抵押机制。

第三，盈利模式的运转。

在期限错配的逻辑基础上，传统银行通过不断吸附资源来实现盈利模式的运转。这些资源包括客户和负债（资金）。对于传统银行而言，这些资源的获取主要通过市场竞争，通过考核激励驱动银行的营销体系，对银行客户市场和资金市场进行分割。

相对于传统银行个体的封闭式竞争模式，平台银行个体更多展现的是合作以及由此带来的对经营资源的集聚。具体而言，平台银行盈利模式的运转通过几个途径：

一是在自身掌控流量的条件下，通过与第三方共享部分客户、部分业务内容的方式，突破自身资源局限，进而扩大业务规模，比如现实中一些平台的联合贷款模式。

二是通过引入第三方金融服务、非金融服务，提升场景的服务能力，而平台银行作为场景和平台的掌控者，通过管理行为获取收益。

如果说传统银行经营是基于个体拥有的资本所进行的封闭性杠杆行为的话，那么平台银行经营就跳出了个体资本的范畴，它通过对场景和平台的掌控，将资源整合的触角伸向整个行业。显然，相对于传统银行的内部资本杠杆，平台银行的开放式资源集聚方式，使其杠杆特征更为明显。当然，尽管平台内部各主体是合作形式的资源集聚和整合，但对于平台生态以外的主体，仍然没有脱离行业竞争的范畴。

不难看出,平台银行是伴随着平台所构建的生态体系发展壮大而发展的。这样一个生态,一般由体验化、综合化、增值化、高周转的服务连接,由平台与客户的持续交互来推动运行,通过不断吸附行业各种资源而发展壮大。显然,作为一个营利性主体,与平台生态相半生的平台银行,其价值观必然是生态价值的最大化。也正是如此,相较于传统银行,平台银行的经营才更具行业影响性,更具战略侵略性。如果说资源的稀缺性、周期转换与管理、财务杠杆是传统银行经营的精髓,那么深度服务、持续交互、生态杠杆就是平台银行经营的真谛。关于平台银行与传统银行经营逻辑上的差异,见表 5.1。

表 5.1 平台银行与传统银行经营哲学的差异

	传统银行	平台银行
经营基础	资金资本稀缺性	服务的价值创造能力
业务特征	中长期项目融资	高频融资融智服务
盈利逻辑	基于资产负债的期限错配	基于场景的服务价值:敏捷性、体验性、综合性、增值性
风控逻辑	抗周期:抵质押、多维结构配置	深度洞察:持续交互、生态依赖
发展方式	资本杠杆下的资产负债扩张	生态杠杆下的平台和生态扩张
银行形态	渠道银行	平台银行
经营哲学	存款立行,规模为王	深度服务、持续交互、生态杠杆

以上内容,对于平台银行的经营行为产生了不同以往的深刻影响,关于这一点,我们在前几章已有所阐释,具体而言,包括平台银行战略管理的行业视野,平台银行经营的行业级影响,平台银行

对长期交互的用户关系的关注，流量和场景作为杠杆基点在平台银行经营中的战略价值，平台银行对于银行服务本源的回归，开放和合作在平台银行经营中的方法论意义等。

"总分—条线—前中后台"体系的重构

组织架构、体制机制是银行行事逻辑的基础。作为科技应用与业务模式、运营模式创新的结合体，平台银行需要构建与之相适应的组织架构和体制机制。不过，对于不同银行个体而言，平台银行的组织架构和体制机制设计可能存在巨大的差异，其原因在于组织架构和体制机制设计受多种因素的影响。因此，从某种程度上看，对于平台银行的组织架构和体制机制，我们只能提出一些基本的原则和方向。

就我国银行现实而言，"总分—条线—前中后台"体系是银行主流的架构体系。它不仅是银行最熟悉的组织运行方式，同时也是很多银行构建平台银行体系时无法回避的体制基础。在这种情况下，我们通过对比传统银行"总分—条线—前中后台"体系与平台银行的上述体系的变化与差异，来阐释平台银行的组织架构、体制机制设计的基本原则与核心思想。

总分行体制的内在逻辑与委托代理挑战

探索我国银行业的组织形式，需要从历史的视角来理解其形成和发展的轨迹。我国银行的总分行体制主要源于曾经的行政体制。它是条块分割的"三级管理——一级经营"的体系。总体而言，在主要银行企业化、市场化的过程中，总分行体制显示出对我国体制以及地区经济发展情况的适应性，突出表现为3点：

一是银行服务体系对国家行政体系的一一对应，强化了对政府客户的服务，有力契合了我国以政府为主导的经济发展模式。

二是以地区（所谓的块块）为主的经营体系适应了我国各地区经济发展的差异性，有利于为各地经济社会发展提供有针对性的金融服务。

三是以分支行为经营主体的体制，实际上是以地区为基础的事业部制，它最大化实现了分权和权力下沉，极大调动了经营前端的积极性，赋予经营以灵活性。

当然，在过去的几十年中，我国银行业总分行体制在显示出其优势的同时，也存在亟待完善的若干问题，这些问题集中体现为总分行体制下的委托代理问题，具体而言，包括：

一是股权治理下的内部人控制问题。内部人控制是指现代企业中，在所有权与经营权（控制权）相分离的背景下，由于所有者与经营者利益的不一致，导致经营者控制公司、侵害股东及其他利益的情况。内部人控制问题的形成，主要源于公司治理中"所有者缺位"以及公司治理架构的不完善。针对上述情况，国有银行主要通过建立产权的企业性国有资产委托代理制（如汇金公司的成立）、引进战略投资者、股改上市以及完善公司治理结构来解决内部人控制问题。

二是统一法人治理下的总分行授权经营体系与基层行活力的矛盾。在很长时间，我国国有银行的省级分行具有准法人地位，具有极大的经营自主权，这也成为银行业20世纪一段时间经营乱象的根源。为此，国有银行企业化改革的重要内容就是建立统一法人制度。国有银行总行通过上收计划、财务、人事、信贷审批等权力实现统一法人框架下的权力再配置。与之相适应，国有银行还建立起授权经营体制，总分支行之间通过层层授权机制，实现统一法人框架下的经营管理。但在实现统一法人治理的同时，层级繁多、链条冗长的经营管理体系往往又成为基层行经营活力的障碍。在这种情况下，精细化、差异化授权就成为一些银行体制机制调整、完善的方向。

三是任期制与银行绩效时滞性下的个人行为与集体利益分离问题。因为风险暴露需要一定的时长，所以短期增速和增量往往会带来银行短期绩效指标的全面改善。因此，短期绩效与长期绩效的分离是银行作为企业最为独特之处。在这种情况下，就会出现个别银行各级机构经营者牺牲所在机构长期稳健发展，追求自身短期利益的倾向。这种倾向在任期制以及强化短期绩效考核的体系中，往往暴露得更为明显。为此，银行通过模糊任期制、平衡短期与长期考核体制、建立长期追责机制、建立长期激励机制（如持股）来弥合银行经营中个人与机构短期与长期利益分离问题。

现实中，总分行体制问题往往是上述3种问题的交叉和融合，突出表现为总分行体制下总分支行经营管理在权力配置上的博弈。当前，随着国有银行经营管理能力的提升，过去"一收就死，一放就乱"的总分管理困局有所缓解。但总分关系中的核心问题尚没有从根本上解决。不过，科技应用以及平台业务模式的发展，将对相关情形产生重大的影响。

平台银行体系下总分逻辑的重构

平台银行是由科技推动的智能化体系,技术应用以及平台化的业务模式,让银行服务直接触达用户。本质上,平台银行是一种直营的业务模式。但在现实中,尤其是在我国地域广大、各地差异性需求比较明显的情况下,平台银行的体制则是一种以直营为基础,将总分体制与直营体制相融合的混合体制。

相对于传统的总分体制,平台银行体系下的总分逻辑产生3个方面的变化:

一是管理层级的压缩与委托代理问题的削减。在平台银行体系下,银行"三级管理——一级经营"的体系变为"一级管理——一级经营"的直营模式,高度压缩了银行的经营管理层级,随之也大幅度削减了层层代理所产生的委托代理问题。另外,银行服务通过模型以及集中化的总行客户服务机构来集中实现,这也避免了分支个人行为与集体利益的分离。当然,平台银行的技术应用和业务模式创新本质上是经营管理范畴的革命,所以它还无法对股权治理范畴的内部人控制问题产生影响。

二是权力的进一步集中与大总行体制的强化。统一法人改革,使传统银行,尤其是国有银行的权力不断向总行集中(当然,在总体上收的趋势下,也会通过部分领域、部分额度下的放权来实现权力差异化配置,但基本趋势是集中);与此同时,金融市场业务、线上反欺诈、大数据分析、IT开发、客户服务中心的集中化运营,也进一步强化了总行的服务功能。在此情况下,大总行成为传统银行发展的一个基本趋势。而在平台银行框架下,总行的权力集中从传统总分架构下的制度设计所实现的集中转变为业务模式所实现的技术性集中。大总行体制的运行更加自然，大总行特征更为明显。

三是银行体系职能设置导向从管理控制向分层服务转变。在平台银行的总分架构下，分支行的发展出现两个趋势：一方面，经营层级将上收到省级分行层面，大量的省级分支行以下的机构，丧失存在的价值；另一方面，省级分行的存在，主要是基于场景合作的前期谈判、中期对接以及地区性产品的开发和供给。也就是说，省级分行的管理职能被大幅度削弱，而服务职能则相应被强化，它与总行平台服务构成了分层服务体系。

不难看出，随着直营模式的发展，平台银行框架下，管理范畴的诸多问题——委托代理问题相对削弱，代之以更为突出的服务问题，包括：总行平台的运营能力、总行对分行的服务能力（对地区的适应性）以及分行服务职能的强化、服务层级的上收。

场景化和平台化经营对条线管理的瓦解

传统银行总分行体系的运作，从垂直角度看，主要靠条线管理来实现。一般而言，传统银行的条线管理分为几类内容：一是客户管理，如公司客户、个人客户；二是渠道管理，如物理渠道管理、网络渠道管理；三是业务管理，如投行业务、资管业务；四是产品管理；五是职能管理，如人力资源管理、计财管理。几种不同维度的条线分割方式，使总分行的条线管理形成一个庞大的体系。

近些年，随着专业化趋势的不断深化，传统银行的条线管理愈发复杂。比如在客户维度，一些银行将原来的对公条线又进一步裂解为大型客户的集团管理、中型客户的公司管理、小微企业的普惠金融以及针对非企业客户的机构管理。上述趋势，在强化专业化经营管理的同时，也人为地造成总分行条线管理中的分割，进一步强化了传统银行广为诟病的"部门银行问题"。

以供应链融资为例，它的业务逻辑在于通过银行与核心企业的合作，构建起针对供应链上下游企业，尤其是小微企业的综合金融服务体系。这个体系不仅涉及集团客户、公司客户，也涉及小微客户；不仅涉及客户营销和管理，也涉及支付结算、网络银行、贸易融资等。在这种情况下，供应链融资需要传统银行众多部门的协同和协调。但过于细化的部门设置，往往大幅度降低了供应链融资业务的运行效率。

相比供应链融资，平台银行商业模式具有更强的生态性和场景性。从生态的角度看，平台本身是一个大生态，同时也存在若干子生态，平台上各主体相互依存，互为佐证，是洞察客户的重要基础。而从场景角度看，平台商业模式可以涵盖多个场景，如产业链平台，将产业运行的多个场景互联网化、平台化，而单一场景平台则有若干子场景，在这种情况下，场景化就有利于深化对客户的洞察，为完整的客户画像以及客户价值的综合开发、深度开发创造条件。

但在传统银行条线管理中，过于细分化的、多维度的管理体系将破坏平台银行生态主体之间以及场景之间的内在联系，失去平台商业模式的内在价值和优势。因此，在平台银行模式下，银行要在整体性、综合性、联动性的基础上，以各级生态和场景为依据，而不是以客户、渠道、业务、产品、职能为依据，重构自身的经营管理体系。

平台化运营对前中后台体制机制的影响

在传统银行的总分架构下，从运营链条来看，还包括前中后台的耦合与运行。一般而言，传统银行的前中后台职能界限明确，运行相对疏离。但在平台银行的业务模式下，前中后台的运行形态发生了重大变化，前中后台的界限开始模糊，各职能部门呈现出一体化的运营态势。

具体而言，包括3个方面的变化：

一是前台的虚化与中台的厚植。在平台银行的直营架构下，银行通过互联网平台实现智能化的获客和活客。传统的客户营销和客户管理只是在平台搭建初期存在，一旦平台运行起来，传统上的所谓前台工作就不复存在。相对于前台，在平台银行的运营中，中台被高度强化，但事实上，此处中台的称谓，更多也是强调平台银行在拓展不同场景时，共享业务组件、数据组件、技术组件对不同场景的通用性。

二是业务与风控的融合，科技、风控的前台化。在平台银行的运营体系下，智能化风控被嵌入到客户识别、反欺诈、客户准入、额度管理、风险定价、风险预警、贷后催收的全流程中。风控改变了自身传统上的中台角色，实现了与业务的高度融合。风控角色的前置化，背后是科技角色的变化。在传统银行的运行体系中，科技扮演着支持、支撑的角色。但在平台银行体系中，科技的角色将获得前所未有的强化。科技不仅通过支持平台运营、赋予平台智能化能力来将自身置于平台银行运营的核心，更直接成为银行拓展场景的营销利器。

三是前中后台运营链条更紧密地结合。在传统银行的前中后台的运营体系中，中台和前台的结合还算紧密，但由于远离客户和市场，后台与前中台的联系，则要疏离得多。后台的价值和效率在银行的体系中也广为诟病和质疑。但在平台银行体系中，前中后台的角色界限开始模糊。后台的价值通过技术手段，直接被嵌入平台的智能化运营中。例如，银行的智库研究工作，作为传统后台，在以业务为导向的银行体系中一直处于一种尴尬的角色，但在平台银行体系中，智库研究工作，如宏观经济周期研究，可以直接通过参数进入平台银行的周期风险管理中，成为平台智能化资产负债管理的重要依据。

以创业驱动、专家治理为内核的创新型组织特性

作为银行业第三次革命的具体形态，平台银行与新一代互联网、物联网、云计算、大数据、人工智能、区块链等金融科技相伴而生。本质上，平台银行是新一代金融科技创新与金融创新相融合的产物。平台银行在用户（客户）获取方式、产品创新基础、客户服务手段、风险控制方法上具有不同的逻辑。与此同时，平台银行还具有不同以往的商业模式、管理架构以及制度流程。与传统银行的多重割裂不同，平台银行贯彻的是一体化的企业级逻辑。简言之，平台银行是由科技驱动的、企业级的、关于银行形态的整合创新。

当然，上述内容只是说明平台银行与传统银行的差异性。事实上，平台银行的创新性，更多体现为平台银行自身的组织特性。或者说，平台银行组织体系中的精神特质是平台银行创新性的根与

源，它赋予平台银行在营销拓展、竞争进化中呈现持续的创新特征。具体而言，它包括两个组成部分，创新创业机制与专家治理体系。两者互为条件，相互融合，成为平台银行迥异于传统银行的精神内核。

创业机制是平台银行创新性发展的驱动机制

传统银行的日常创新主要基于产品创新来拉动。为此，近几年，随着行业竞争的加剧，传统银行纷纷强化了对产品创新的资源配置，建立创新实验室，在行内外推出各种创新比赛，强化分行创新产品的全行推广。但是这些措施，却不足以驱动平台银行的营销拓展与创新发展。平台银行的营销拓展与创新发展，实质上是不断构建场景平台、不断嵌入金融服务的创业过程。

对于银行而言，每一个场景平台都是一个独立的平台银行单元，它有独立的客户生态、服务供给体系，可以独立核算。平台的搭建过程也主要基于项目组形式，平台建成后，项目组成员也大概率成为该平台的运营主体。对于项目组成员而言，对一个场景的拓展过程，实际上是一个从搭建场景平台到嵌入银行服务，再到最终产生收益的创业过程。而每个场景平台具体的商业逻辑都不同，平台银行对每个场景的拓展过程都是一个从零开始的再创业过程——需要流量的集聚，需要打通商业模式。简言之，平台银行营销拓展与创新发展的过程，实际上是一个个平台银行子单元的创业过程。平台银行构建的独立性、全程性、创生性等特征，使平台银行发展具有了鲜明的创业特征。

当前，一些银行在发展平台银行的时候，仍然沿用既有的组织体系和机制，尽管表面上也是项目组形式，却缺乏创业机制的内核。总体而言，任命制、指定性团队、"上级决策—下级执行"是其主要特征。这样的组织体系，责权利割裂、使命性不强、人员关系复杂、团队特性和任务匹配性未必最优、决策与执行割裂、团队与银行既有体系结合不够紧密。这很难适应平台银行发展的创业创新性特征。

在这种情况下，平台银行就需要构建与自身发展方式相适应的组织体系以及相关的运行机制，基本思路就是将市场机制引入平台银行的内部组织运行中，从而建立目标清晰、使命一致、责权利对等、任务导向、决策与执行结合、团队与银行体系高效协同的组织体系和运行机制，我们称之为内部创业的组织体系和机制，主要包括以下几个方面：

一是推动内部创业者自行组合，构建多级的"项目组"体系。平台银行通过构建多层级的、不断转授权的项目组体系来分解平台的项目工作。作为平台项目攻坚的基本单元，小而美的项目组，是由一群志同道合的内部"创业者"自行组建，组织目标明确，个人价值充分释放，且具有较强的凝聚力和团队意识。

二是建立内部投资模拟机制，推进资源的市场化配置。平台银行通过模拟创业风投市场机制，建立场景拓展、平台搭建的资源配置机制。平台银行内部自行组建的项目团队通过招投标方式，竞争特定场景平台构建的资格与资源。场景平台拓展与平台银行内部机构增设相匹配，项目组在平台开发后，转为平台运营的常设平台银行机构。权利和绩效激励根据成员在项目中的贡献，合理分配。

三是推进内部服务市场化，提高场景经营体系撮合成型的速率。为了提高内部产品和服务效率，提高远离市场主体的积极性，以最快速度形成基于场景的经营体系，建立项目组的激励约束机制，平台银行可以模拟外部市场机制，对内部产品和服务进行转移计价和利益分配。

四是推动人力资源的内部市场化，构建平台银行创业机制的制度基础和人力基础。人力资源内部的充分流动、市场化薪酬也是项目组体制以及内部投资模拟的制度基础。

专家治理是平台银行创新性发展的能力基础

支撑平台银行在营销拓展、竞争进化中持续创新的第二个体系和机制是专家治理体系和机制，它奠定了平台银行创新发展的能力基础。

专家是一个特殊群体，他们在某一领域兼具实践经验和理论造诣。专家的技术能力具有前沿性，背后不仅有天赋，更是其个人对专业的孜孜以求的进取精神。这也是平台银行背后的人文精神的重要组成部分。

其实，传统银行体系中，也存在专家群体，相关群体主要集中于银行的风控领域。同时，传统银行也有人力资源管理的专业技术序列机制，一些银行也贯彻国家的专业技术职称体系。不过，传统银行的专家体系，只是部分领域的专家在业务流程环节发挥专业职能，这与专家全面参加银行治理，尚有不小的距离。而一些银行的专业序列，只是一种晋升机制，是对职务晋升机制的补充，很大程度和年功相联系，与专业技术能力评定关系不大。

可以说，传统银行存在专家，但尚未实现充分的专家治理。当然，这和银行发展的历史阶段相关联。平台银行之所以强调专家治理，根本原因在于平台银行运营的全面平台化、智能化。平台银行的发展体现出前所未有的技术性、专业性和前沿性，在这种情况下，专家的价值开始渗透到平台银行的全领域和全流程。平台银行不仅需要专家发挥建议咨询、贯彻执行的辅助功能，更需要专家参与到平台银行运行的决策中，需要专家参与到平台银行的资源配置中。也就是说，银行的平台时代，已经悄然进入全面专家治理的时代。

平台银行的专家治理体系和机制，包括专家的培养、选拔，保持专家的活力与创造性，专家价值实现3个逻辑环节的内容，详见图5.1。

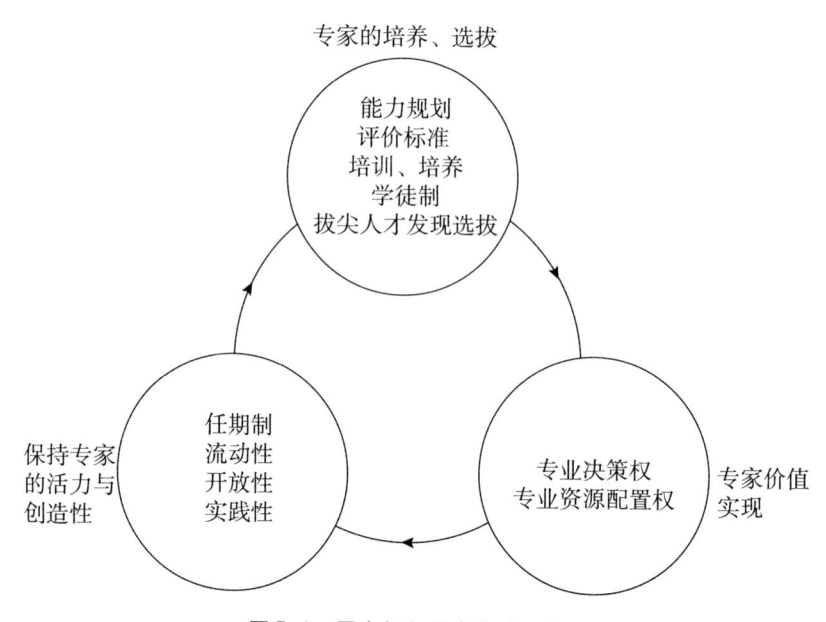

图5.1 平台银行的专家治理体系

就专家的培养、发现与选拔而言,平台银行需要构建几个体系:

一是专家专业能力规划与评价标准体系。通过专业规划和评价激励,建立起专业人才的需求体系和目标体系,形成对专家成长的内在激励。需要说明的是,基于当前银行实践的现实,平台银行的专业规划和评价工作,要强调专家对专家的评价,要避免由外行评价内行的情况。

二是培养、培训与传帮带体系。专家既需要天赋,也需要培养、培训以及传帮带。平台银行要建立起系统的专家人才的成长体系。要通过教育、培训、岗位锻炼以及学徒制实现专家人才的快速成长。

三是拔尖人才的发现机制和选拔机制。要建立优秀人才能够快速脱颖而出、容易脱颖而出的机制。要给予不同年龄、不同专业、不同特点的人才以平等竞争的机会,要通过赛马机制而不是相马机制,加速优秀人才的脱颖而出。破除论资排辈、整齐划一的晋升控制模式,避免优秀人才的流失。

就保持专家的活力与创造性而言,平台银行需要建立几个机制:[1]

一是任期制。破除终身制,通过实行任期制驱使专家保持进取精神,驱动专家对专业和新知的不懈追求。

二是流动性。专家要有一定范围的流动,给相关领域带去活

---

[1] 严翠. 任正非最新电邮:未来华为要逐步由专家来当家,不是谁官大谁拍板 [N]. 证券时报,2020-10-11.

力,更好地激活组织。要有计划、有策略地推动专家跨领域、跨部门流动。

三是开放性。要建立自行培养与外部专家引进的双重渠道。要建立与社会化引才相适应的薪酬机制、晋升机制、评价机制以及用人机制。要促进跨学科专家的引进和交流。

四是实践性。专家不同于学者,专家是在实践与理论长期磨合中成长起来的。专家不能脱离实践,不能远离前线。专家的作用,也需要在团队中实现,要提高专家的合作精神。

就专家专业能力的价值实现问题,平台银行要赋予专家决策权。要明确专家的核心价值是解决问题。专家就是要能发现问题、定义问题的原因并最终解决问题,要解决问题也就要能参与决策。要将业务开展中各种权力在决策团队、行政人员、专家间分配好,专业技术领域的问题应该由最懂的人决策。要让专家拥有专业决策以及专业资源配置的权力。

要素价值变迁以及平台银行的科技哲学

特定时期的科技应用,是平台银行产生和发展的根本动因。这改变了银行经营管理构成要素——人、数据、制度流程、技术(或机器、模型)的价值和作用。因此,重构银行要素的关系与边界,就成为平台银行发展需要解决的深层次问题,它关乎平台银行在技术革命冲击下的经营哲学。

传统银行数据与场景平台数据的关系

近几年,依托平台场景的民营互联网银行方兴未艾。相关银行具有初步的平台银行特征,它们积极应用金融科技,推动基于交易、行为、社交等场景化数据的风控模式创新。这让传统银行对相关主体所拥有的数据体系羡慕不已。但是另一方面,在很多互联网银行人的眼里,"优质的金融流量不在互联网巨头,而是在大银行"。①

这就产生一些问题,如何看待传统银行的数据,这些数据还有价值吗?它和平台银行的场景数据体系关系如何?回答这些问题,需要厘清传统银行数据与场景平台数据两者的主要差异:

一是传统银行的客户数据主要是客户的基本信息以及客户的财务数据,相对而言,场景平台数据的即时性更强。

二是场景平台数据主要是基于场景的,所以场景的覆盖度决定了客户画像的准确度;而传统银行的数据则是一般情景下的数据,它不具有特定的场景性。

三是传统银行的客户数据都是与金融强相关的数据,而场景平台数据往往是弱金融相关数据。传统银行数据考察重点是客户的还债能力以及增信能力,而场景平台数据描述的重点是客户的行为,即考察导向是客户的还款意愿,其背后的业务逻辑是贷款的小额化。

四是传统银行数据是关于二八原则中的优质客户群体的数据,而场景平台数据中的很大一部分是长尾客户数据。

不难看出,两者具有很强的互补性。传统银行数据与场景平台

---

① 江海. 大银行客群能挖掘优势流量富矿 [EB/OL]. (2020-07-16) [2021-03-19]. https://weixin.qq.com/s/U04T8pF4buapLlelSiRWtg.

数据的整合，可以实现历史与即时的有效衔接，实现对客户的全时效描述；可以实现全场景的360度洞察；可以实现对客户还款能力以及主观意愿的双向考察，从而可以突破平台业务小额化的逻辑束缚；可以覆盖包括优质客户以及长尾客户的全量客户，并通过大中客户与长尾客户的关联性进一步提升对长尾客户的洞察。

也就是说，传统银行在构建平台银行体系时，不是要丢弃既有的数据体系，而是要与场景数据体系相融合。或者说，平台银行的数据体系是传统数据体系与场景数据体系整合的产物，它有助于对客户的全场景、全时效洞察，并支撑平台银行对全客户、全业务的经营管理，见图5.2。

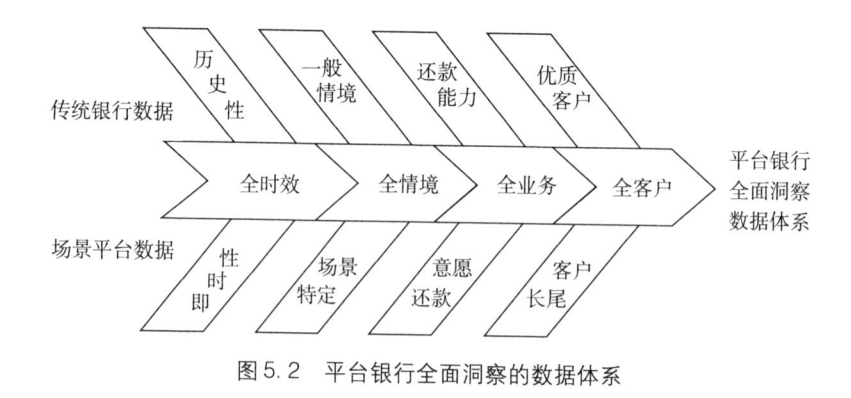

图5.2 平台银行全面洞察的数据体系

技术与制度的融合

平台银行的智能化运行，在一定程度上削减了人工操作下烦琐的制度体系，这就提出了一个新命题，在平台银行框架下技术与制度的关系。回答这个问题，我们需要考察的是技术应用的不足与风险问题。具体而言，技术应用有如下问题：

一是模型开发、验证、应用管理规范问题。模型开发、验证、应用需要有严格的流程、规范，只有这样，模型才能保证有效。

二是模型的共振风险造成微观应用与宏观绩效分离的问题。由于专家技术能力因素，某家银行在模型应用上可能偏好某种技术思想的应用，这种某类模型在全行普遍应用的情况，容易形成银行行为在宏观上的共振现象，进而造成银行行为对外界环境的过激反应。

三是科技向善问题。科技本身是工具，并不具有价值导向，比如有些平台存在的"大数据杀熟"问题。但作为社会中的一员，科技的应用必须保证银行行为符合监管、符合社会普遍的价值导向。

综上，我们可以看出，科技或者模型本身并不能解决自身的缺陷与风险问题。相反，在科技应用同时，平台银行需要构建更完善的科技应用治理架构。其中，促进科技应用规范有效，抑制科技微观应用与宏观绩效背离现象演进，建立科技应用的价值导向，则是建立科技应用治理架构需要解决的主要问题。

当然，作为平台银行智能化发展的一部分，科技也可以在完善制度体系中发挥作用。以分支行考核激励制度为例，很多银行的考核激励往往是当前绩效结果的直接计量，但事实上，相关绩效结果中有很多周期性的因素，包括宏观经济周期以及信贷资产不良暴露周期，只有去除周期性因素，才能真正考察出分支行的实际绩效以及领导者的实际能力。在这种情况下，银行可以通过引入技术模型，对周期性因素进行智能化分析，并最终形成智能化的、实时的绩效管理系统，从而为分支行考核以及领导者的经营决策提供依据。

总之，在平台银行的发展中，技术与制度不是对立和取代的关系；相反，如何促进二者的融合发展，则是平台银行发展需要解决的重要问题。

人与机器的关系及边界

线上化和智能化带来的是机器对人及其价值的影响。传统的人工劳动，尤其是重复性的人工劳动将失去用武空间，机器人将在财务处理等诸多领域大显身手。这就给平台银行的发展带来又一个深层次问题——人与机器的关系及边界。从本质上看，两者的边界决定于机器或者模型的能力以及人作为一种情感动物所具有的特殊的情感需求。两者通过效率、价值的权衡，实现人与机器边界的界定。

在平台银行体系中，智能风控是关键性的能力和环节。智能风控体系中人与机器的关系，也最能说明上述问题。总体而言，当前我国银行业智能风控还处于初步阶段。在此阶段，大数据和人工智能只是对传统银行风控手段的补充，如在开户环节的信息核验、黑白名单匹配、人脸识别等，通过简单规则的判定和匹配，辅助银行进行风险决策。规则的创建依赖专家经验和已发生的风险事实，无法针对新的风险模式自动更新。[①] 显然，在此阶段，人还在人与机器的关系中扮演主导角色，但如何实现专家及其经验与技术、模型发展相适应，就是平台银行在这一阶段面临的主要挑战。

不过，随着大数据和人工智能技术的不断成熟，外部数据进一步开放，大数据风控的智能化水平将进一步提升。人的作用将进一

---

① 蒋韬. 大数据和人工智能视角下的银行业风险防控 [J]. 现代商业银行，2018（3）.

步下降，但智能化并非没有边界。这种边界表现在两个方面：一是线上服务的情感需求。平台银行需要满足智能化趋势下人对真情实感的回归。当然，基于效率和成本考量，其对象更多是针对高净值客户、大型客户、特殊类型客户以及特定的业务类型。二是平台银行与社会体系对接中，从线上到线下、从虚拟到现实的统一。相对于平台银行的发展，社会体系的智能化存在一定差异。而平台银行作为一种线上线下一体化、虚拟与现实统一的业务模式，平台银行业务流程很大一部分涉及对客户的面对面服务，这一部分服务内容，至少从目前来看，还要涉及大量的人工服务。

不难看出，数字化并不是要摒弃"人"，而是更好地将机器与人进行有机融合——平台银行人力结构的顺时调整，业务流程的有效衔接，以及根据自身经营特色有针对性地保留有情感的人工服务。

平台银行的资本逻辑与外部运行机制

创新创业机制和专家治理体系构建起平台银行的内部驱动机制，但内部驱动机制发挥作用，还需要一定的外部环境和机制与之相适应。而外部驱动机制主要产生于银行对资本的运作。

平台银行的产生形式与传统银行平台搭建的跨界行为

作为场景平台与银行金融服务的融合体，平台银行的搭建理论上的路径在于银行与场景平台的合作。

不过现实中，场景平台在掌控流量之后，金融往往是其建立盈利模式的重要业务内容。在这种情况下，场景平台往往会自建自身的金融体系，而这一体系天然具有平台和科技基因，数字化与平商业模式完美结合，已经具有了平台银行的雏形和框架。这也成为当前平台银行产生的重要途径。

而在传统银行内部，一些银行推行自建场景或者参与社会公共平台建设的战略，这些银行在掌控平台，获得场景的同时，也形成了对行业其他银行，尤其是主要对手的排他性竞争。在这种情况下，传统银行也不得不加入对场景平台的开发之中，由此，跨界场景领域，实现对场景的控制成为传统银行构建平台银行的重要选择。这是平台银行产生的第二种模式和路径。

当然，银行与一些中小场景平台的合作，也是一种传统银行构建平台银行的模式与路径。

平台银行的外部运行机制

当跨界场景平台成为平台银行构建的重要模式和路径时，就产生了一个问题，即银行的精神气质与平台的精神气质是否匹配。

从现实来看，尽管一些银行搭建了场景平台，但这些由银行精神气质所支撑的平台，其后期运营并不尽如人意。这其中既有我们前文所说的缺乏创业创新精神内核支撑的原因，也有缺乏一套外部机制与内部创业创新机制相配合的原因。

一些成功的平台"独角兽"的成长得益于若干轮的资本投入，它既给创业企业以资金支持，也建立起对创业行为的监督和激励机制。同时，阶段性的资金投入也滋生了创业企业资金的饥饿感，使创业主体始终处于一种为了生存而努力奋斗的亢奋中。

而在银行体系中，银行搭建平台的过程，执行者与银行投资没有直接联系，既没有反向的压力，也没有正向的激励。银行的资金基本上是即需即取的状态，银行没有明确的绩效考核，或者绩效约束流于形式。银行对平台的投资，很多时候目的并不清晰，既非战略投资，也非财务投资。同时，由于缺乏通过平台上市获取企业创生的市场价值的风险投资逻辑，任何对财务的严格考核，也只能导向银行投资行为的短期化。对于平台的成长而言，这比没有考核约束还要糟糕。

简言之，即使建立起内部的创业创新机制，但由于缺乏外部资本约束和变现能力，传统银行体系内的约束和激励仍然是不完善的。与科技独角兽上市后对创业者的激励相比，传统银行加薪升职的激励力度，显然是微不足道的。因此，传统银行跨界平台构建领域，关键是要建立支撑平台内部创业创新机制运行的外部环境和外部机制。

通过资本的力量构建平台的外部激励体系

传统银行构建平台的外部激励体系，主要通过资本运作来实现。这包括两方面的内容，一是传统银行通过资本运作参股、入股场景平台，以此获得平台银行的场景。考察这些场景平台，商业前景是一方面，但更多的是场景背后的团队以及团队运行背后的机制。二是传统银行自建场景平台，推动其体外化、独立化发展，积极引入外部风险投资资本，建立场景平台发展的外部资本机制，推动相关平台走科技独角兽之路。

对于具体的资本运作策略，平台银行需要根据场景平台的性质来做出选择。根据我们在第三章的分析，平台银行的场景平台主要有商业化服务场景平台、公共服务场景平台以及金融自场景平台。

对于第一种类型，其商业模式建立、流量引入难度都非常大，以稳健为特征的银行文化并不适合直接经营此类平台，所以传统银行主要通过投资入股方式来实现自身与其合作。

公共服务平台的使用具有一定的强制性，银行与政府关系紧密，银行适合以提供平台及其运营的方式，获得经营场景的权力。但如果想要平台真正发挥其商业潜能，银行更适宜引入社会化资本，走科技独角兽之路，以此建立平台发展的外部机制，改变传统银行对此类平台善于构建、拙于运营的现状。

至于金融自场景的搭建与运营，以金融为专业的银行本应该是驾轻就熟。但目前传统银行的金融自场景，往往是一个金融服务的渠道，还缺乏基于用户理念的流量观念，所以推动金融自场景的独立经营也应是重要的尝试。

我们需要关注的是，在金融自场景中，平台银行需要解决自营金融服务、非自营金融服务以及非自营非金融服务之间的关系。自营和非自营，在平台的运营中扮演着不同的角色。自营决定了平台银行对平台服务质量的掌控，而非自营则决定了平台的多样性和对流量的吸引力。在这种情况下，平台银行可以通过资本运作，强化对非自营综合服务的掌控，保证平台的服务质量及收益的封闭循环。

后记

《未来银行之路》的答案篇

2017年7月—2018年10月,我写了一本书叫《未来银行之路》,于2019年6月出版。出版以后,这本书取得了不错的反响。但就我自己而言,其实还是有比较大的遗憾,《未来银行之路》对行业发展趋势进行了研究分析,但对未来银行的形态却并未给出更明确的答案。不过,彼时经过漫长的写作过程,我对给出一个完整的答案已经显得力不从心,更为重要的是,行业的发展,似乎也没有明确的答案。

一晃3年过去了,行业的发展更加清晰。而经过疫情期间的沉淀,我也似乎重新唤起了写作的勇气。于是,我搁置了做一些人文领域探索的想法,又回到对"未来银行"的探索中,力图对未来银行的发展给出更为清晰的答案——这就是这本《平台银行》写作的初衷。

和《未来银行之路》的写作一样,《平台银行》的写作过程也是异常艰辛。和《未来银行之路》偏于分析、长于启发不同,《平台银行》本质上是一本关于"如何打造未来银行"的实践指南,它需要建立在行业前沿实践基础上。当然,作为未来银行的实践指南,它同样需要理论高度和战略前瞻性，需要将思想性和技术性结合起来。因此，这本书还要在目前前沿实践基础上，描绘出行业趋势——冰山一角之下的未来银行全貌。这既是本书写作的难点，也是本书力图传递的价值。

当然，上述内容只是书稿内容本身的难度，但写作真正的难点并非在此。很大程度，《平台银行》的写作难点来自我的工作、家庭以及所谓发展的矛盾冲突，来自自己在各种角色高速切换、身体和时间透支到极限的现实。

本书有很大一部分书稿，是在北京南郊南海子公园的长椅上完成的，还有很大一部分书稿，是在短期合租房里完成的——它们几乎侵夺了我全部的假日和休息时间。当然，这并不是最艰辛的，最艰辛的是因为和家里宝宝作息的差异，我回到家里也很难及时得到休息。而到单位，则要去面对我所接手的全新的工作实践（为了保证本书的实践价值，我自己亲身从事相关实践工作）。

不过，值得欣慰的是，因为写作经验的不断积累，这本书的写作要顺畅得多。《未来银行之路》所成成的合作友谊，也对这本新书的出版提供了莫大的助益。最为关键的是，《未来银行之路》写作之时，宝宝还是摇篮里的小婴儿，而在《平台银行》写作的时候，我可爱的女儿——歌行小朋友，已经偎依在爸爸身边，字正腔圆、郑重其事地说：

"写书是很美好的事情——"

"谁教你的啊？"

"我自己教的。"

"那谁说过这样的话啊？"

"妈妈。"

"还有呢?"

"还有爷爷、奶奶、叔叔和二姨……"

刘兴赛

于北京亦庄凉水河畔

2021 年 4 月

参考文献

1. 帕克，埃尔斯泰恩，邱达利．平台革命：改变世界的商业模式[M]．志鹏，译．北京：机械工业出版社，2019.

2. 刘兴赛．未来银行之路[M]．北京：中信出版社，2019.

3. 吴声．场景革命：重构人与商业的连接[M]．北京：机械工业出版社，2019.

4. 林画．为梦想出发：滴滴出行价值千亿的创业智慧[M]．北京：石油工业出版社，2018.

5. 吴军．浪潮之巅[M]．4版．北京：人民邮电出版社，2019.

6. 袁国宝．拼多多拼什么[M]．北京：中国经济出版社，2019.

7. 林庆．物流3.0：互联网+开启智能物流新时代[M]．北京：人民邮电出版社，2017.

8. 甘开全．滴滴程维：在巨头阴影中前行[M]．北京：新世界出版社，2017.

9. 周鸿祎．周鸿祎自述：我的互联网方法论[M]．北京：中信出版社，2014.

10. 李志刚．创京东：刘强东亲述创业之路[M]．北京：中信出版社,2015.

11. 孙立新. 英格兰银行简史 [M]. 北京:光明日报出版社,2019.

12. 周鸿祎. 智能主义:未来商业与社会的新形态 [M]. 北京:中信出版社,2016.

13. 罗斯巴德. 美联储的起源 [M]. 上海:上海人民出版社,2017.

14. 廉薇,边慧,苏向辉,等. 蚂蚁金服:从支付宝到新金融生态圈 [M]. 北京:中国人民大学出版社,2017.

15. 陆顾新,陈石军,王立,等. 银行数据治理 [M]. 北京:机械工业出版社,2014.

16. 索雷斯. 大数据治理 [M]. 北京:清华大学出版社,2020.

17. 梅子行. 智能风控:原理、算法与工程实践 [M]. 北京:机械工业出版社,2020.

18. 万斯. 硅谷钢铁侠:马斯克的冒险人生 [M]. 北京:中信出版社,2016.